A-Z NUNEATON

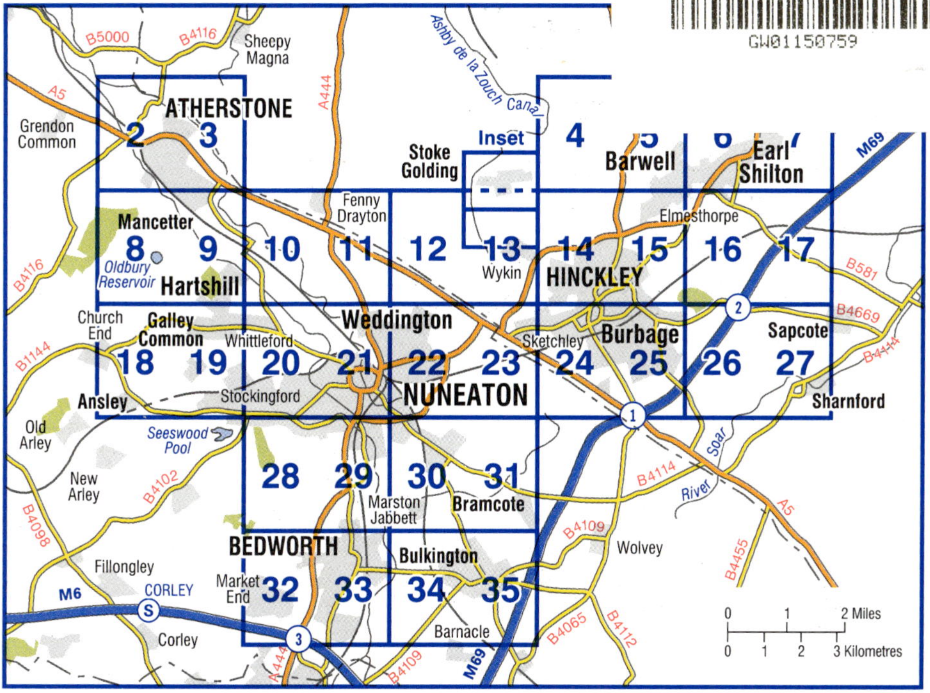

Reference

Motorway	M6
A Road	A5
B Road	B4114
Dual Carriageway	
One Way Street — Traffic flow on A roads is indicated by a heavy line on the driver's left.	
Pedestrianized Road	
Restricted Access	
Track & Footpath	
Railway	Level Crossing / Station / Tunnel
Built Up Area	MANOR CL.
Local Authority Boundary	
Postcode Boundary	
Map Continuation	2
Car Park	P
Church or Chapel	†
Fire Station	■
Hospital	H
Information Centre	i
National Grid Reference	⁴30
Police Station	▲
Post Office	★
Toilet	▽
with facilities for the Disabled	
Educational Establishment	
Hospital or Health Centre	
Industrial Building	
Leisure or Recreational Facility	
Place of Interest	
Public Building	
Shopping Centre or Market	
Other Selected Buildings	

Scale 1:15,840 ¼ ½ Mile
0 250 500 750 Metres 1 Kilometre
4 inches (10.16 cm) to 1 mile
6.31cm to 1kilometre

Geographers' A-Z Map Company Limited

Head Office:
Fairfield Road, Borough Green, Sevenoaks, Kent TN15 8PP
Tel: 01732 781000

Showrooms:
44 Gray's Inn Road, London WC1X 8HX
Tel: 020 7440 9500

This map is based upon Ordnance Survey mapping with the permission of The Controller of Her Majesty's Stationery Office.
© Crown copyright licence number 399000. All rights reserved

EDITION 2 2000
Copyright © Geographers' A-Z Map Co. Ltd. 2000

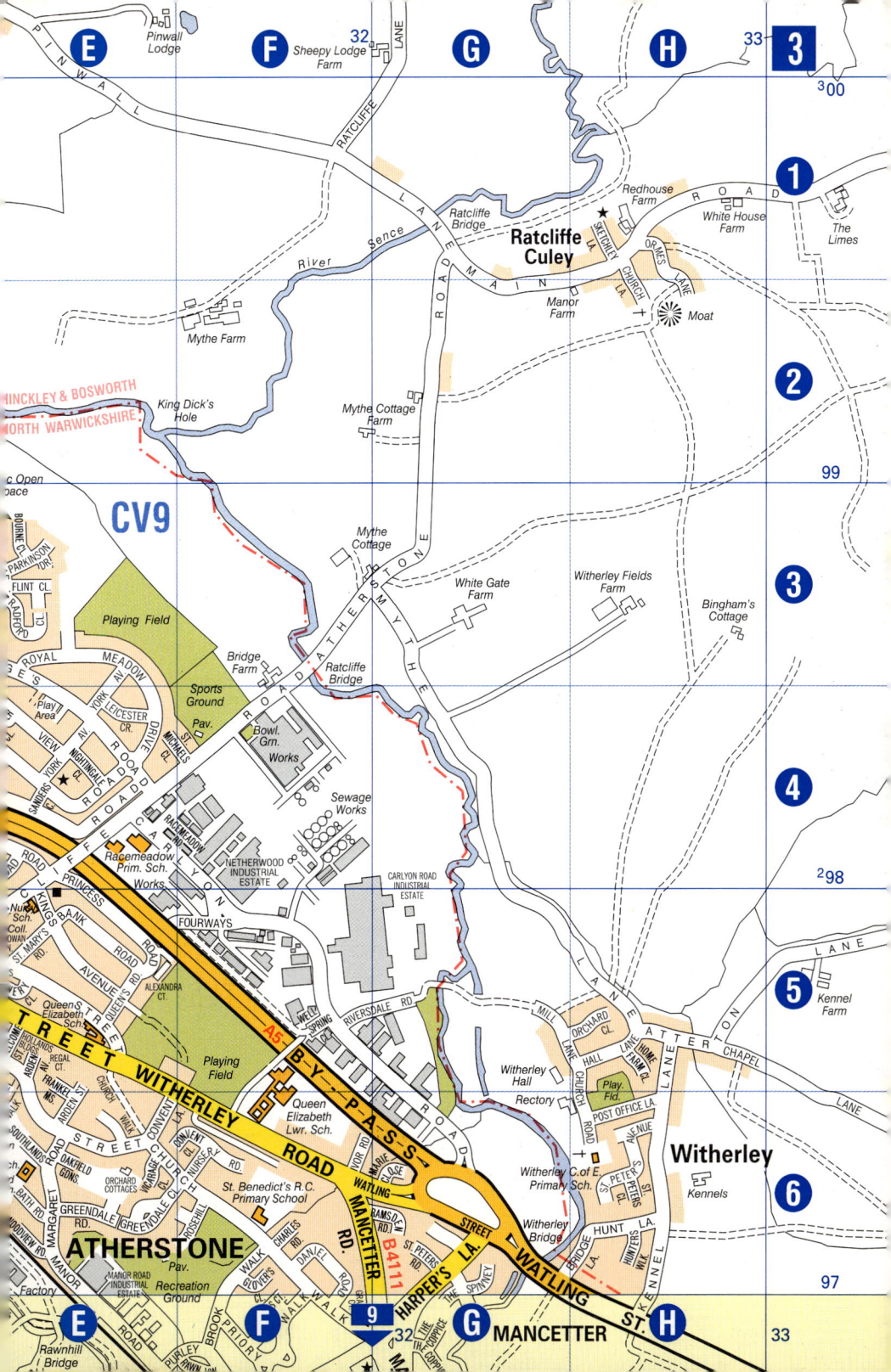

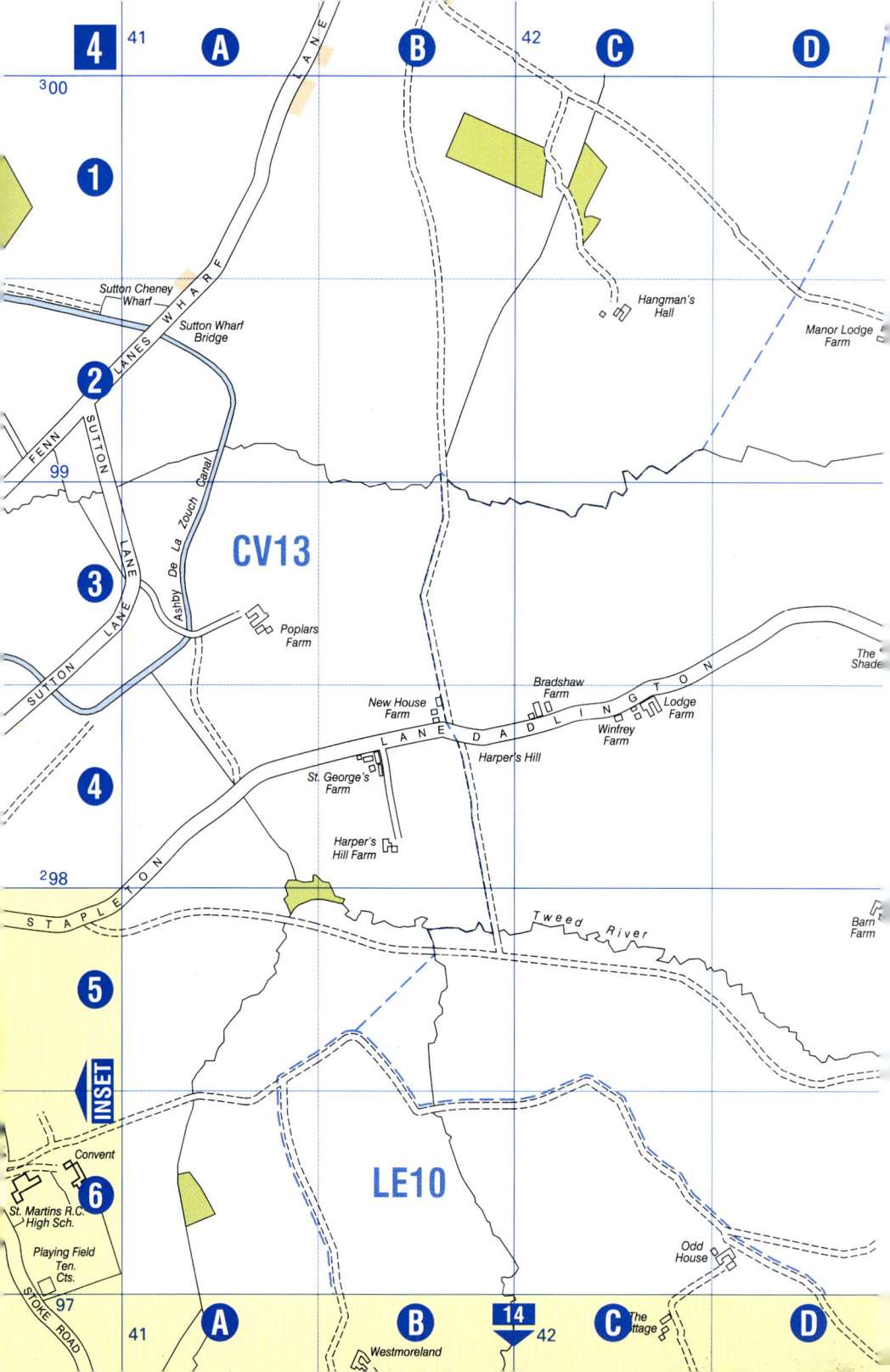

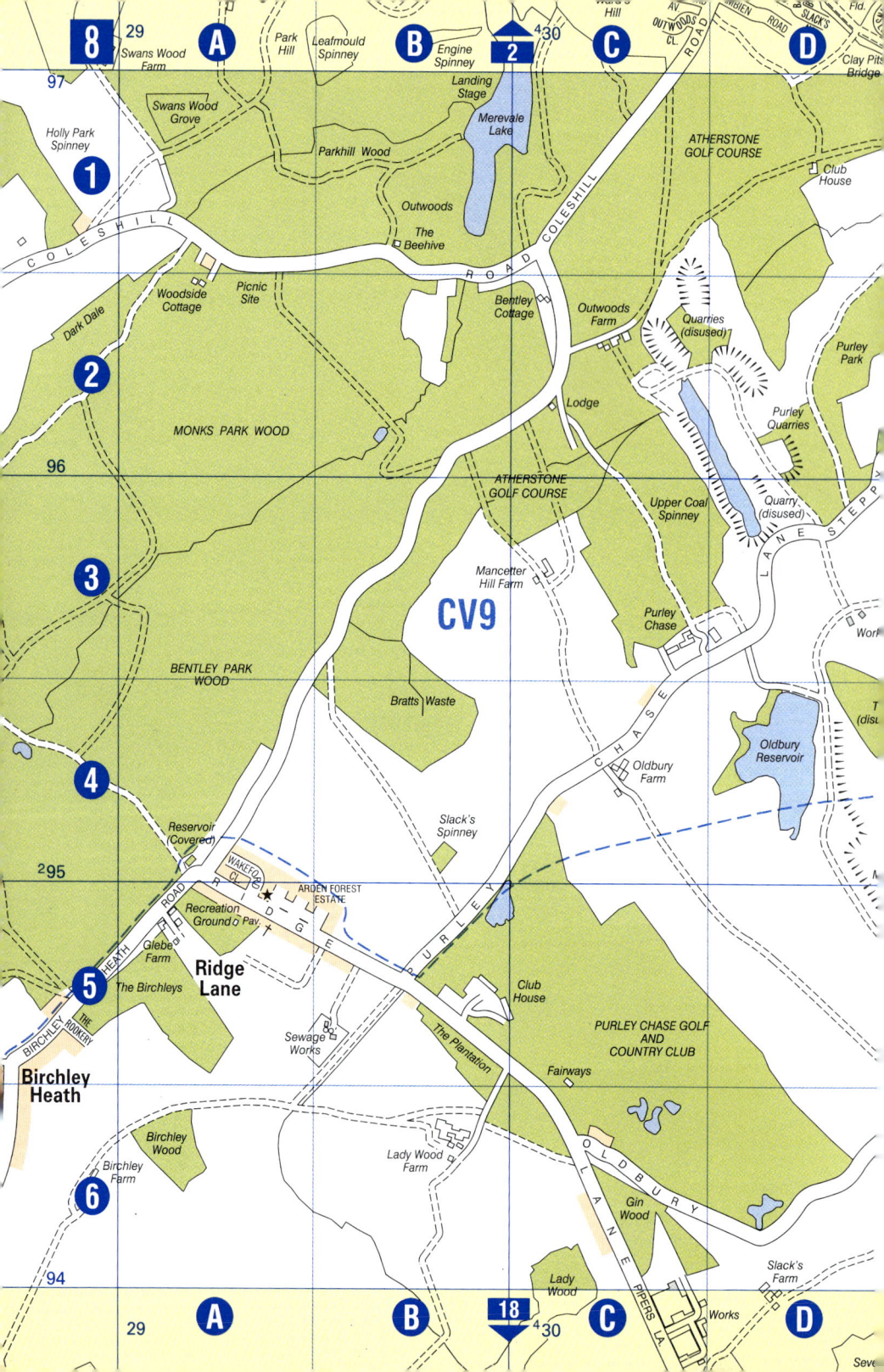

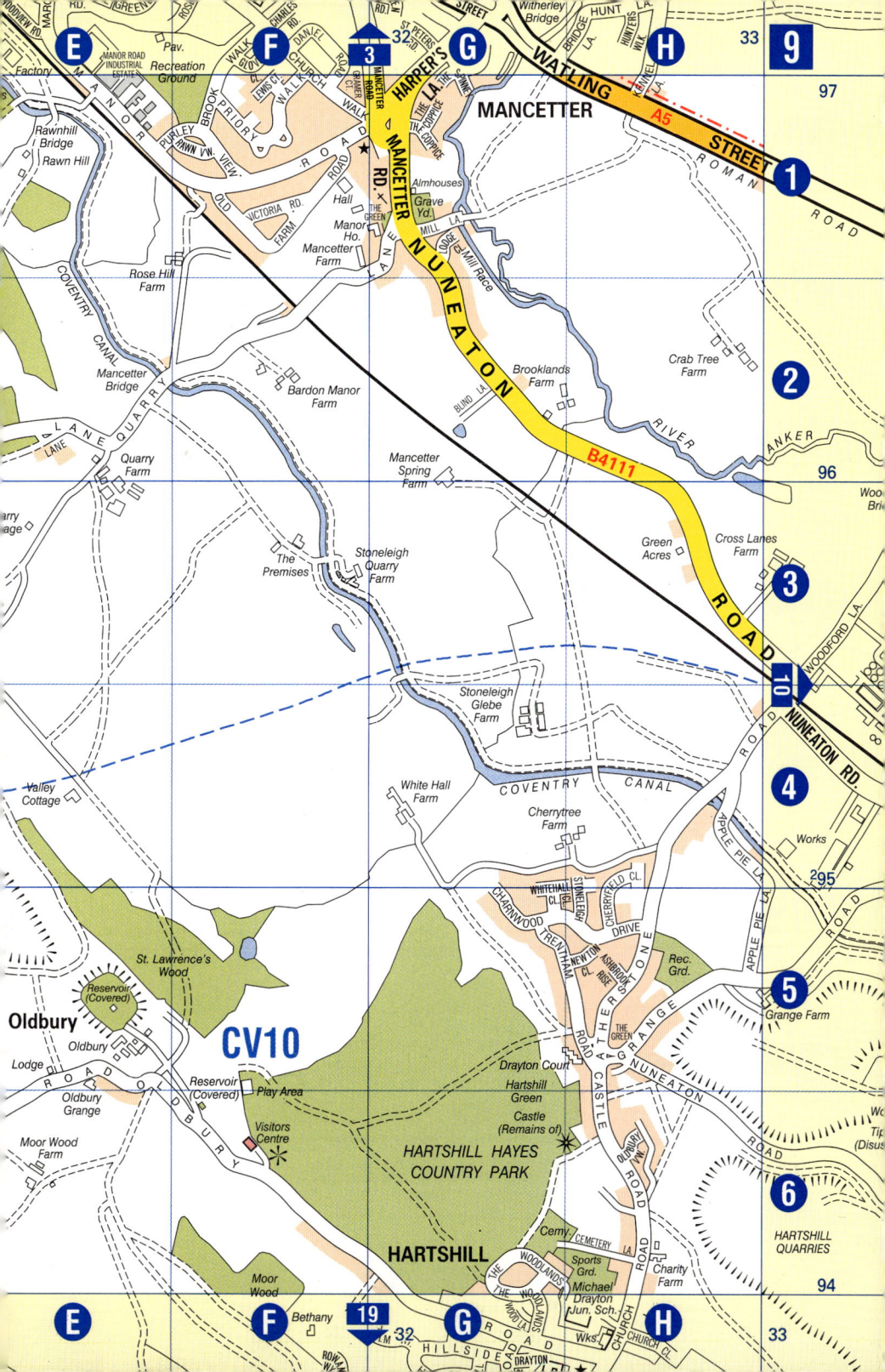

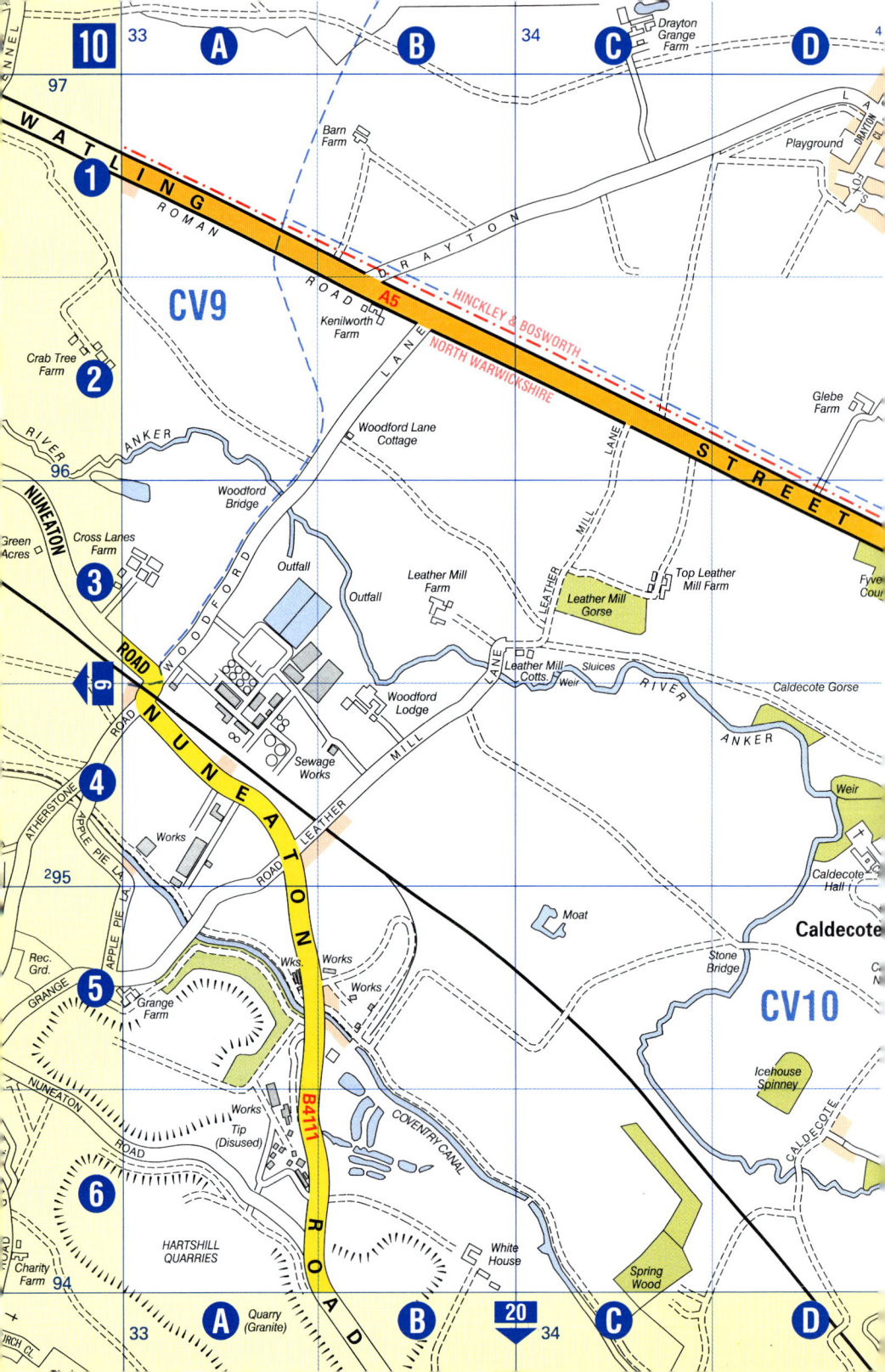

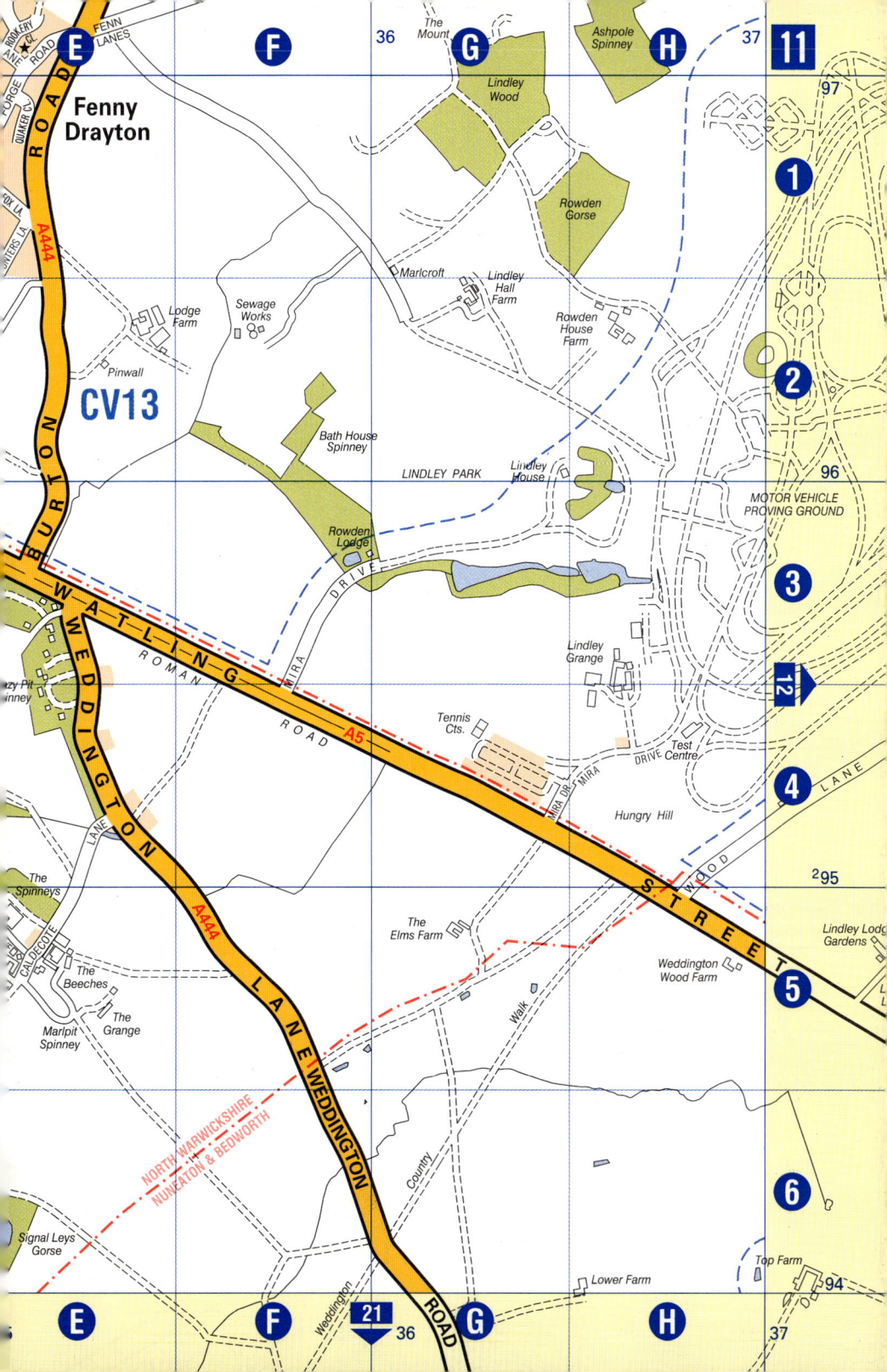

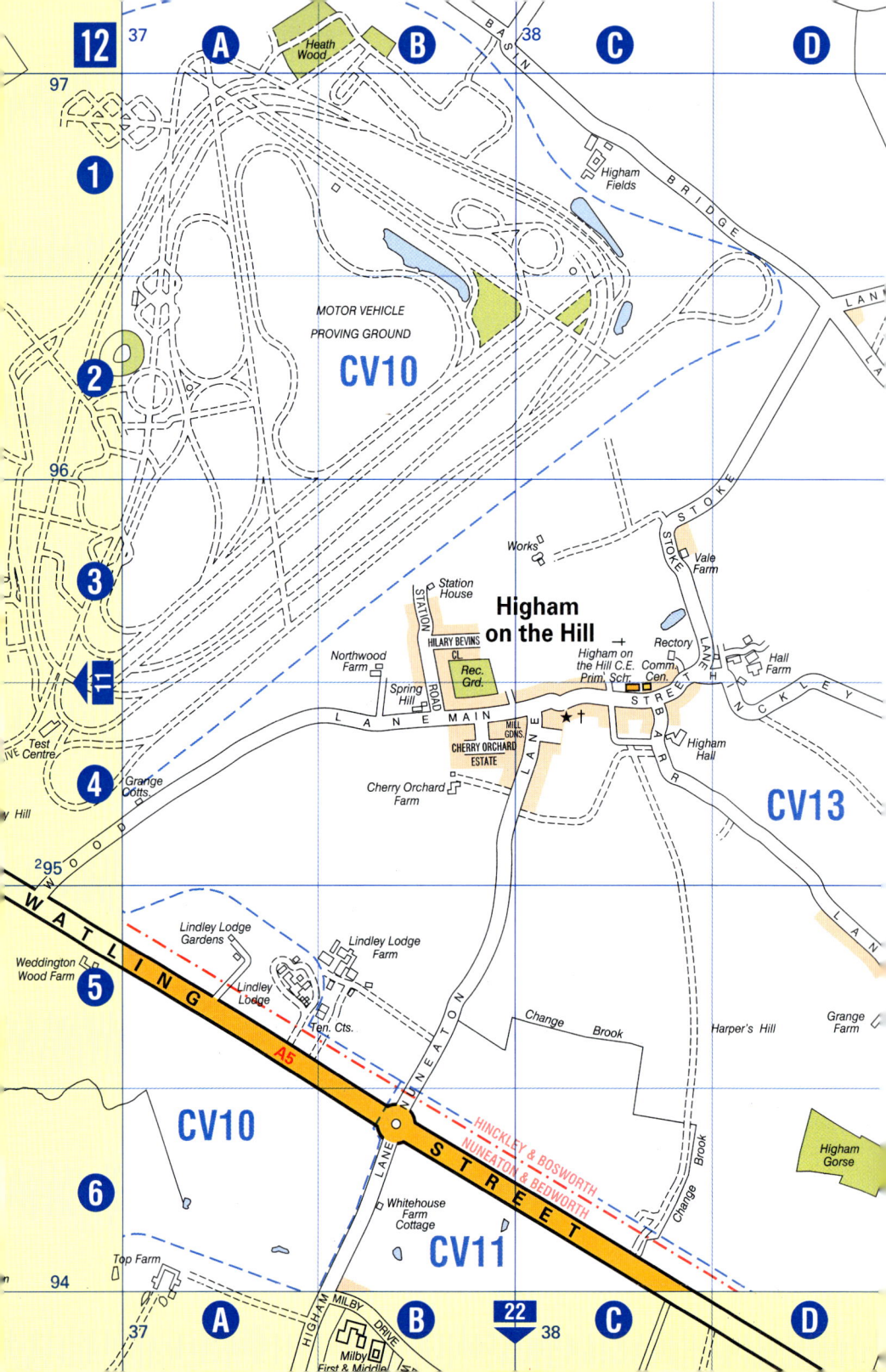

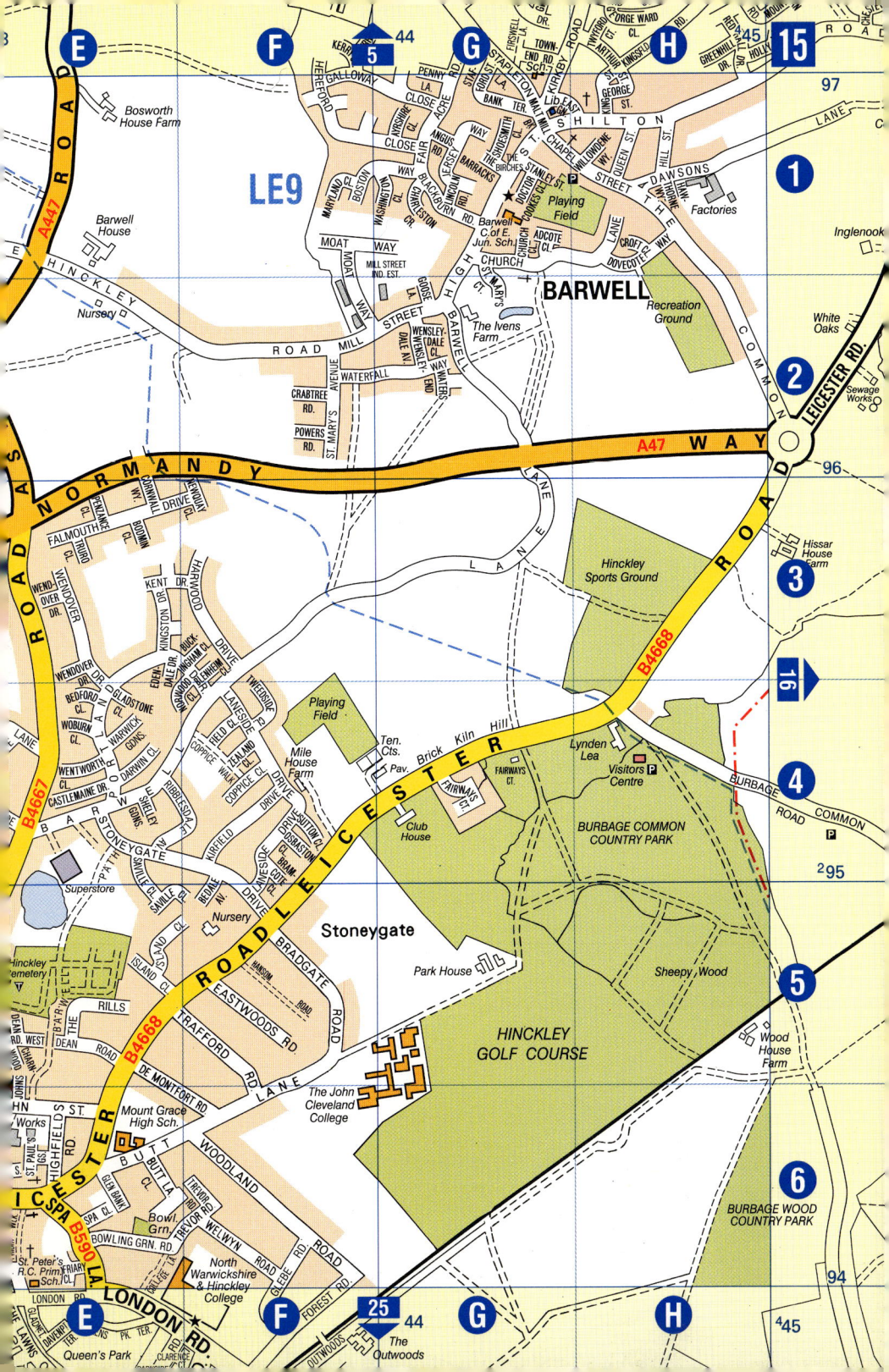

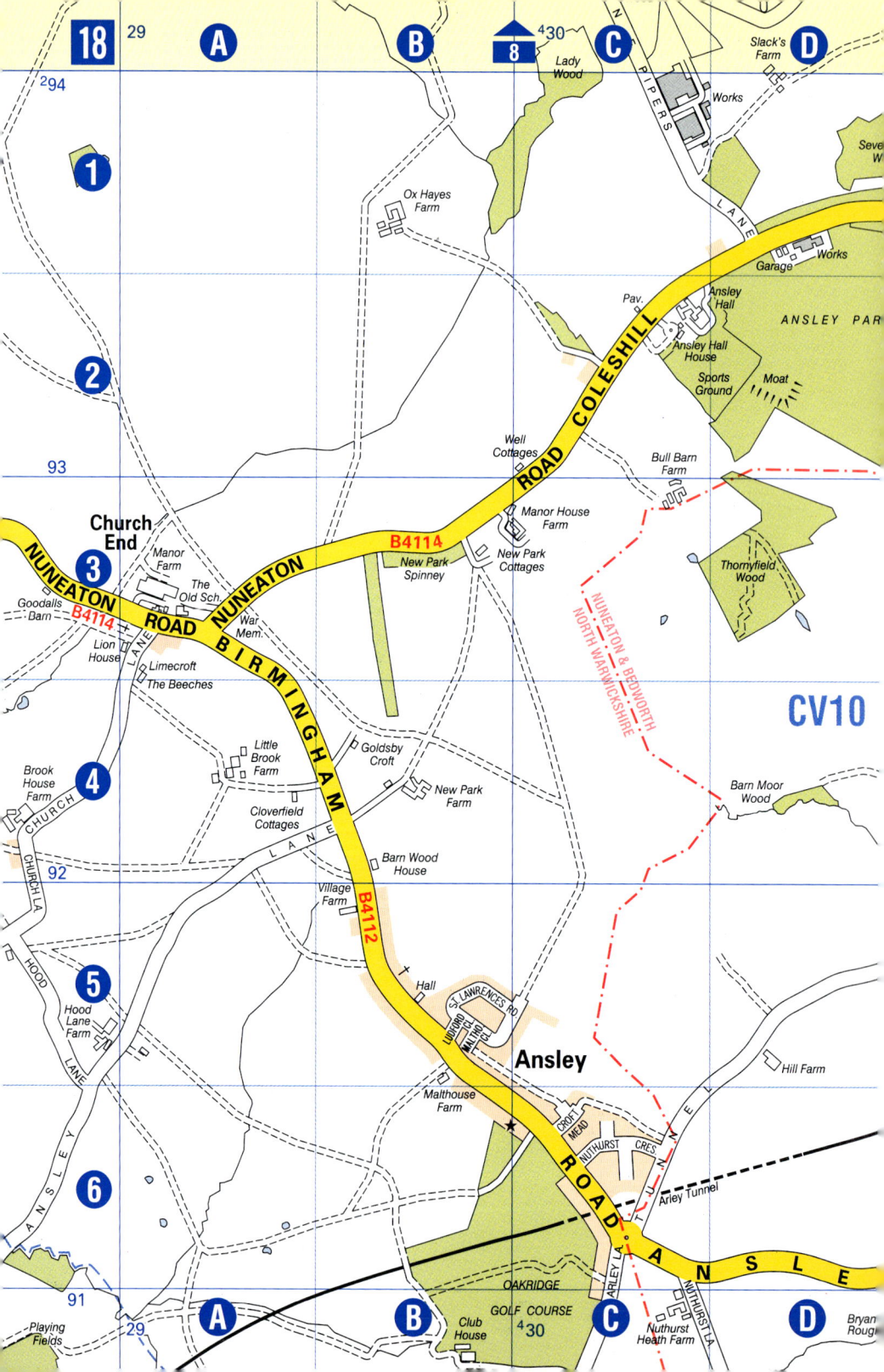

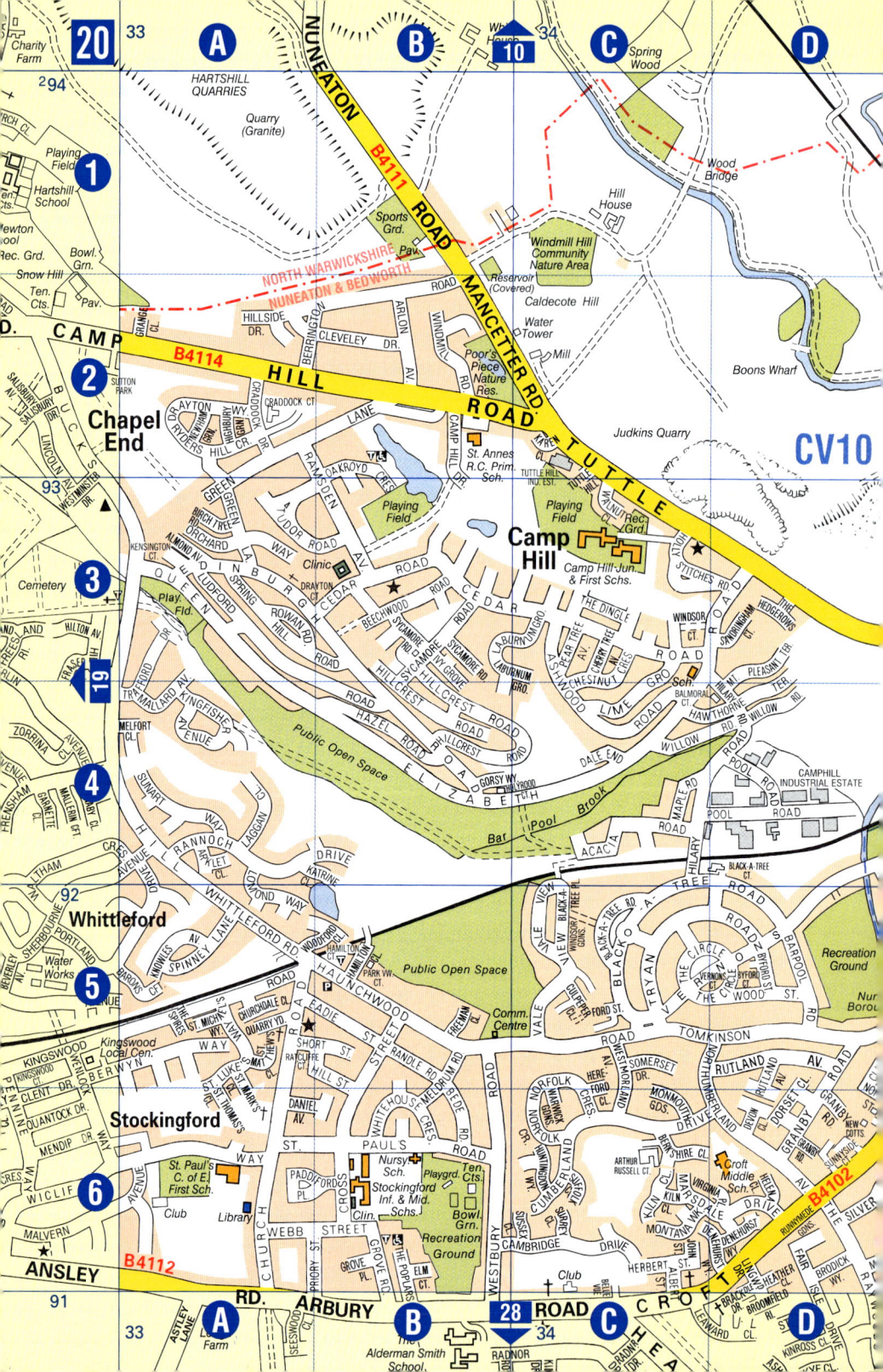

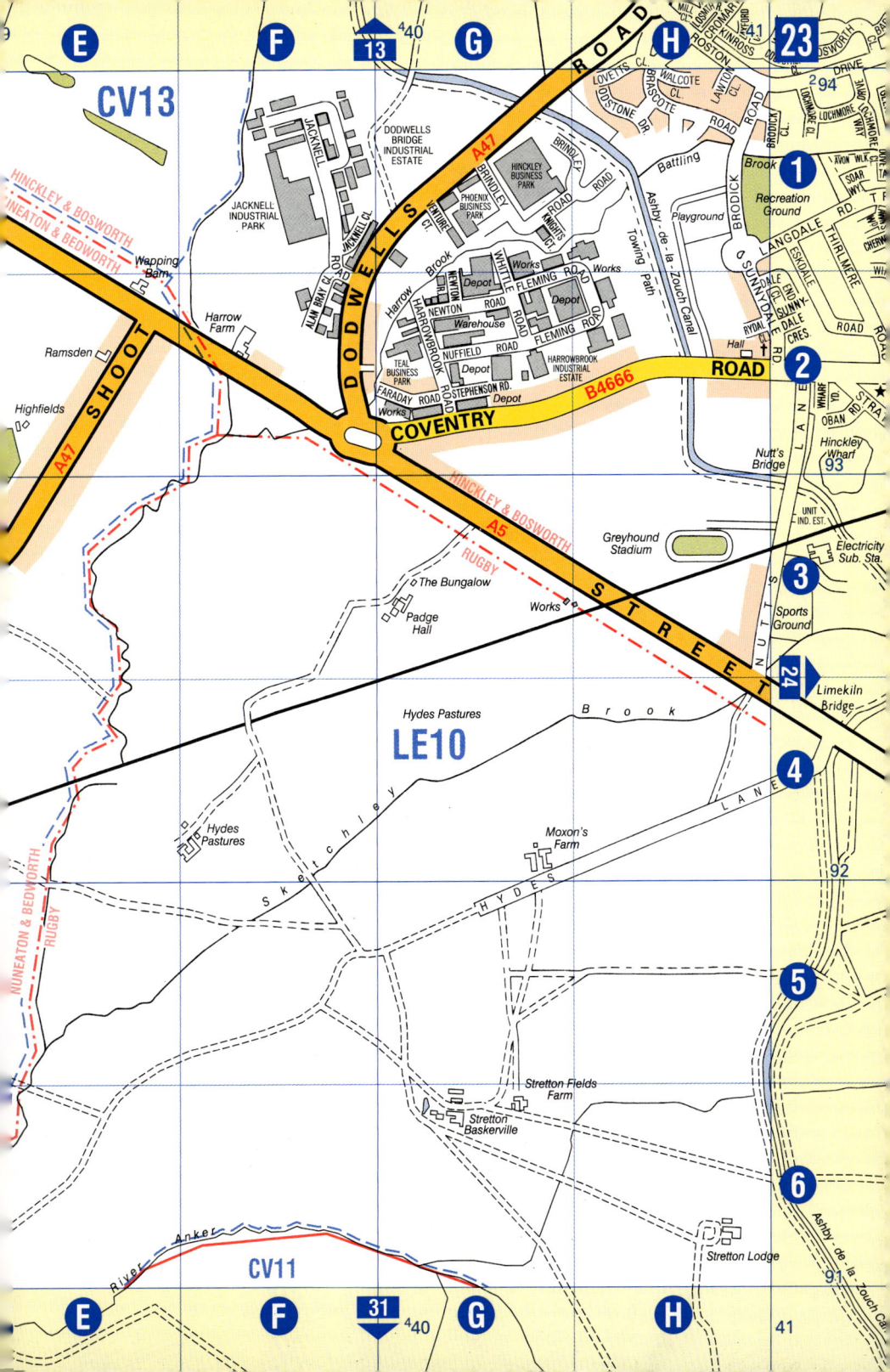

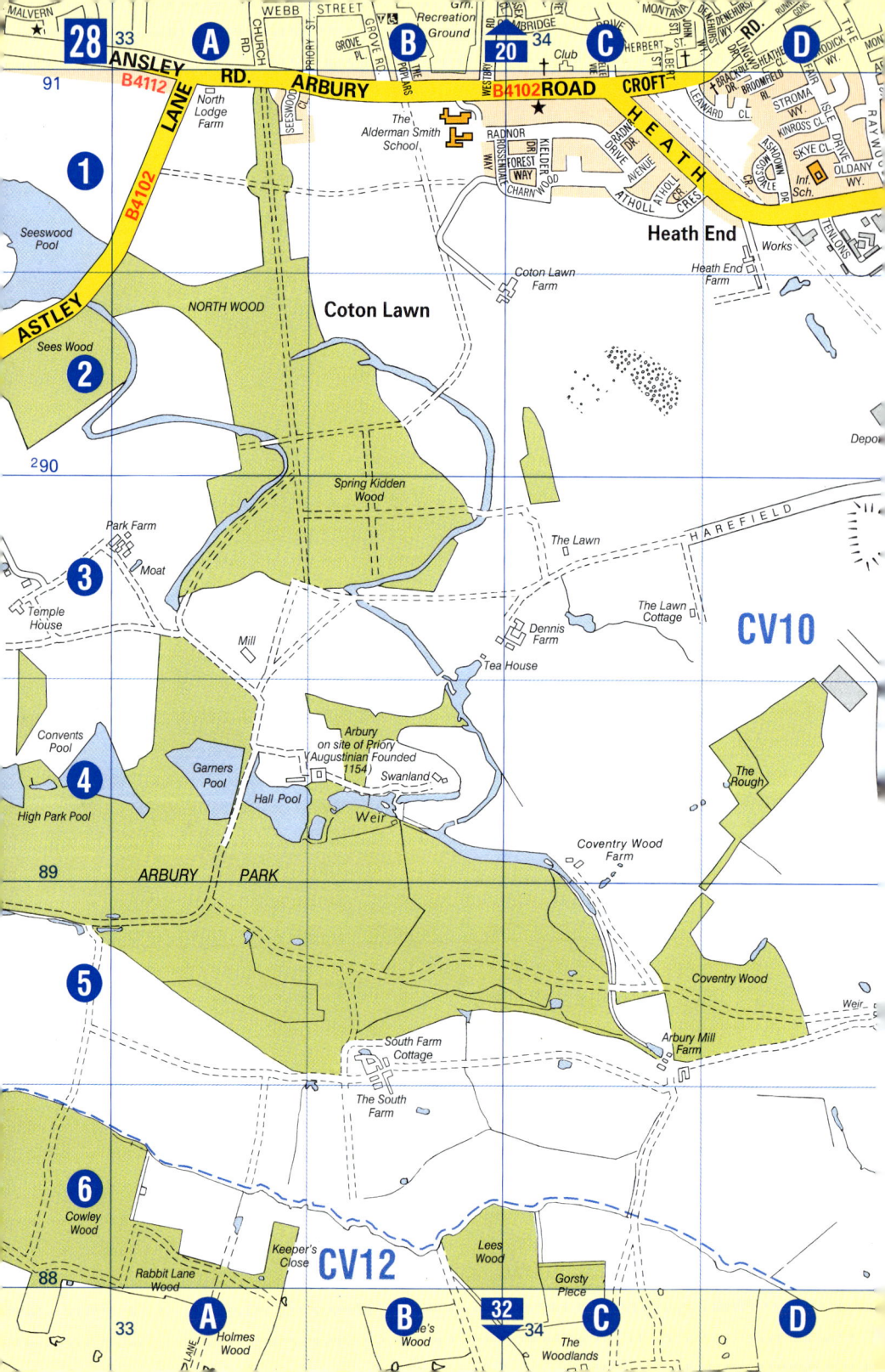

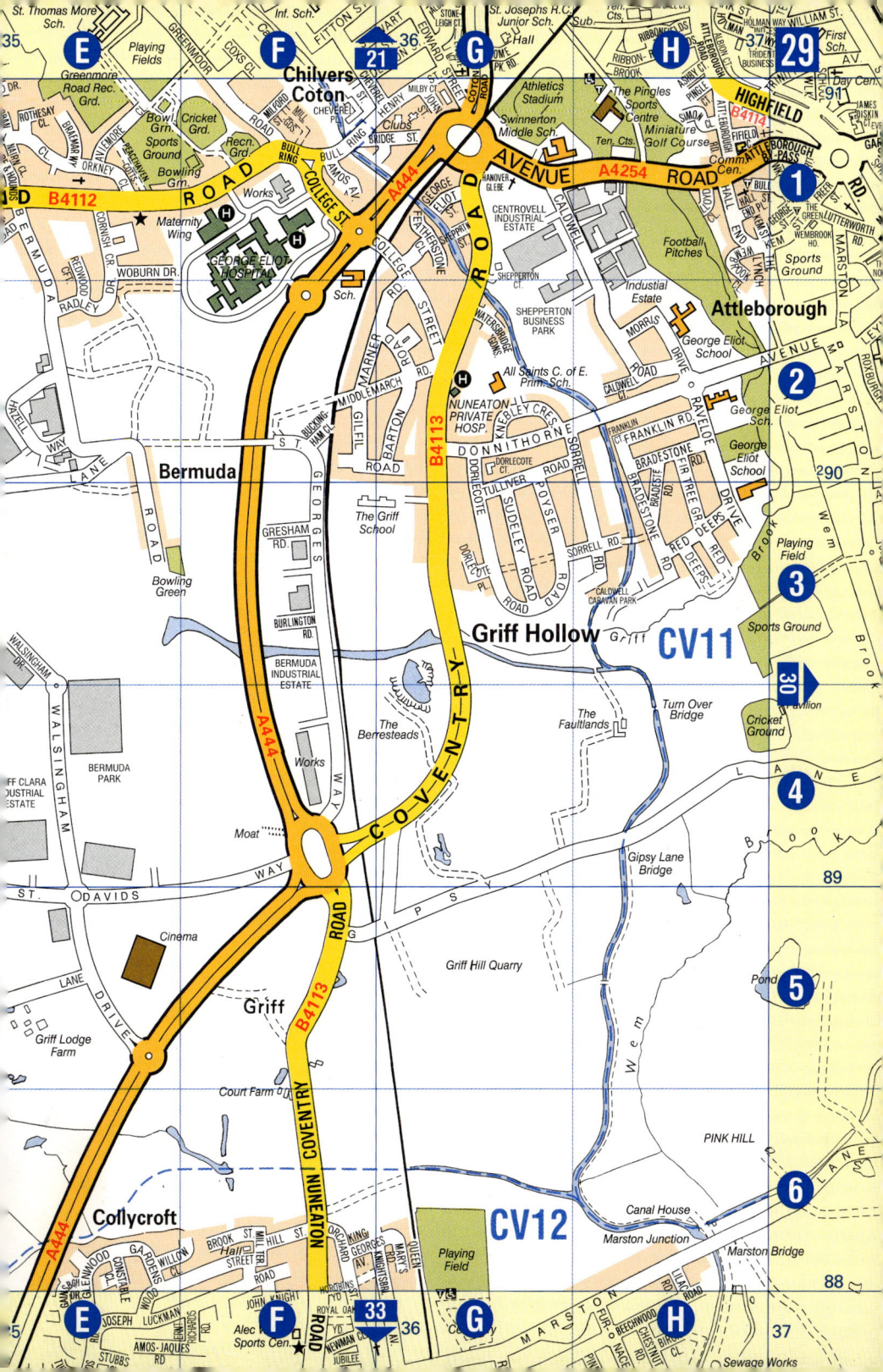

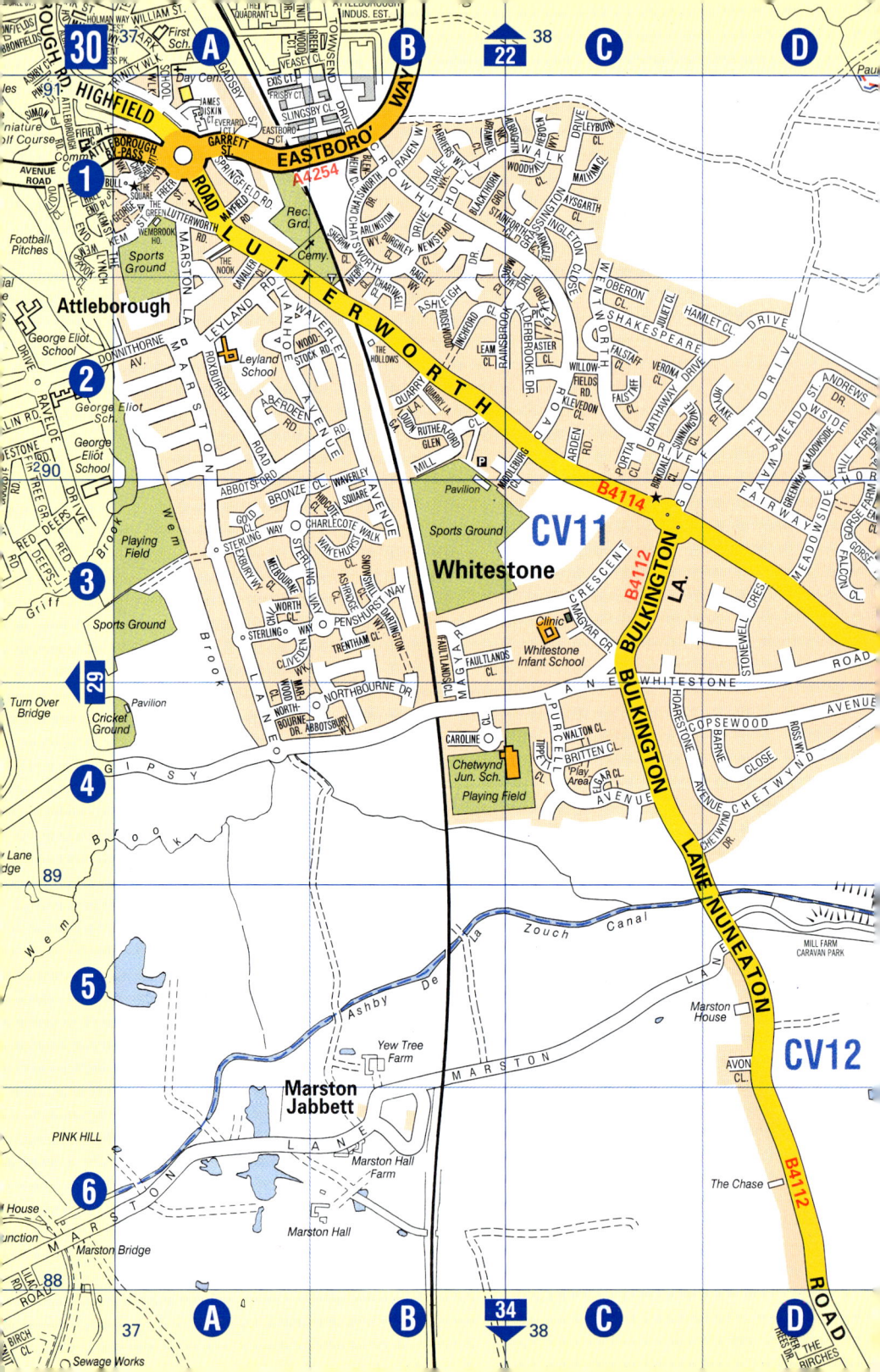

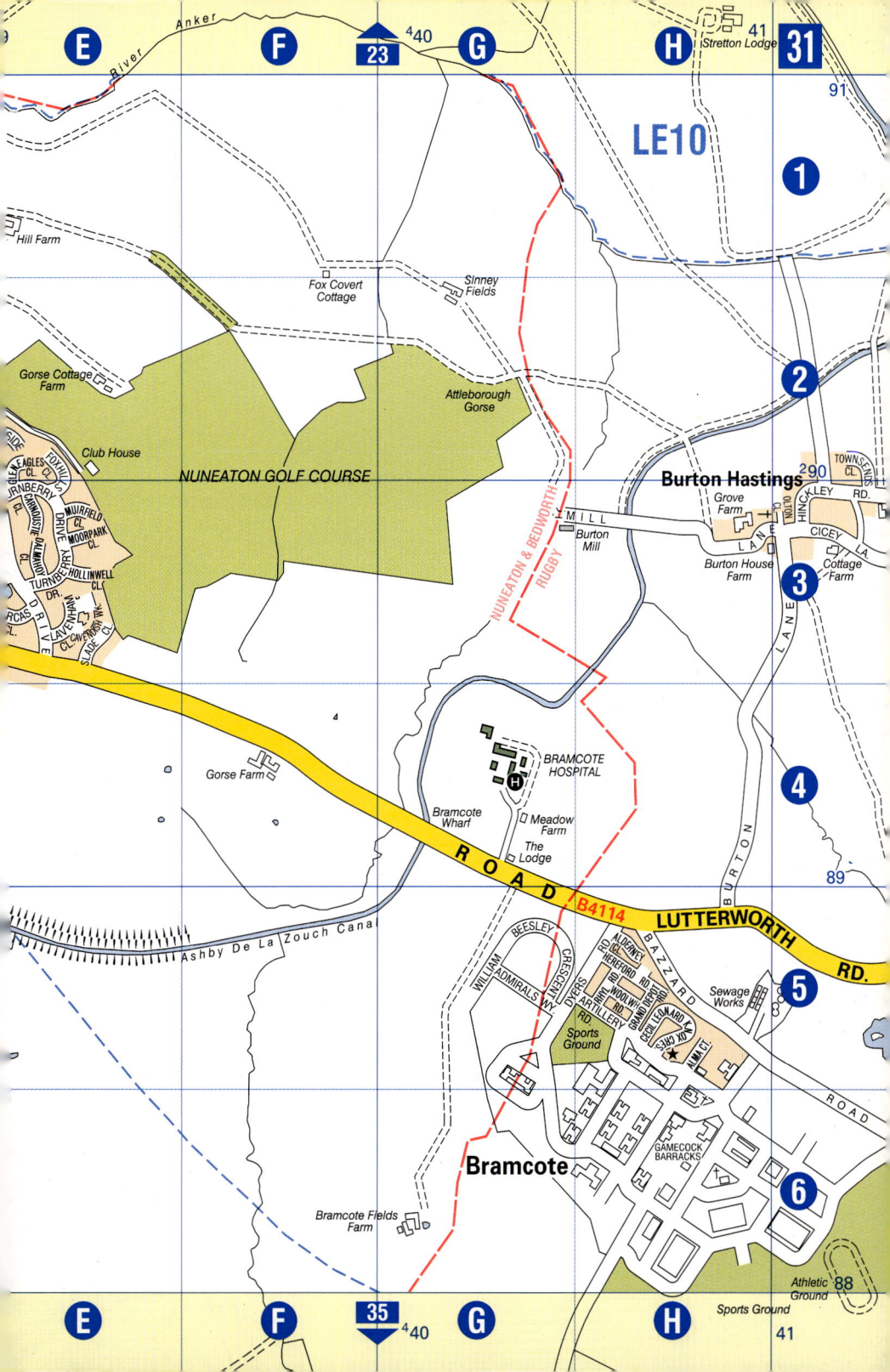

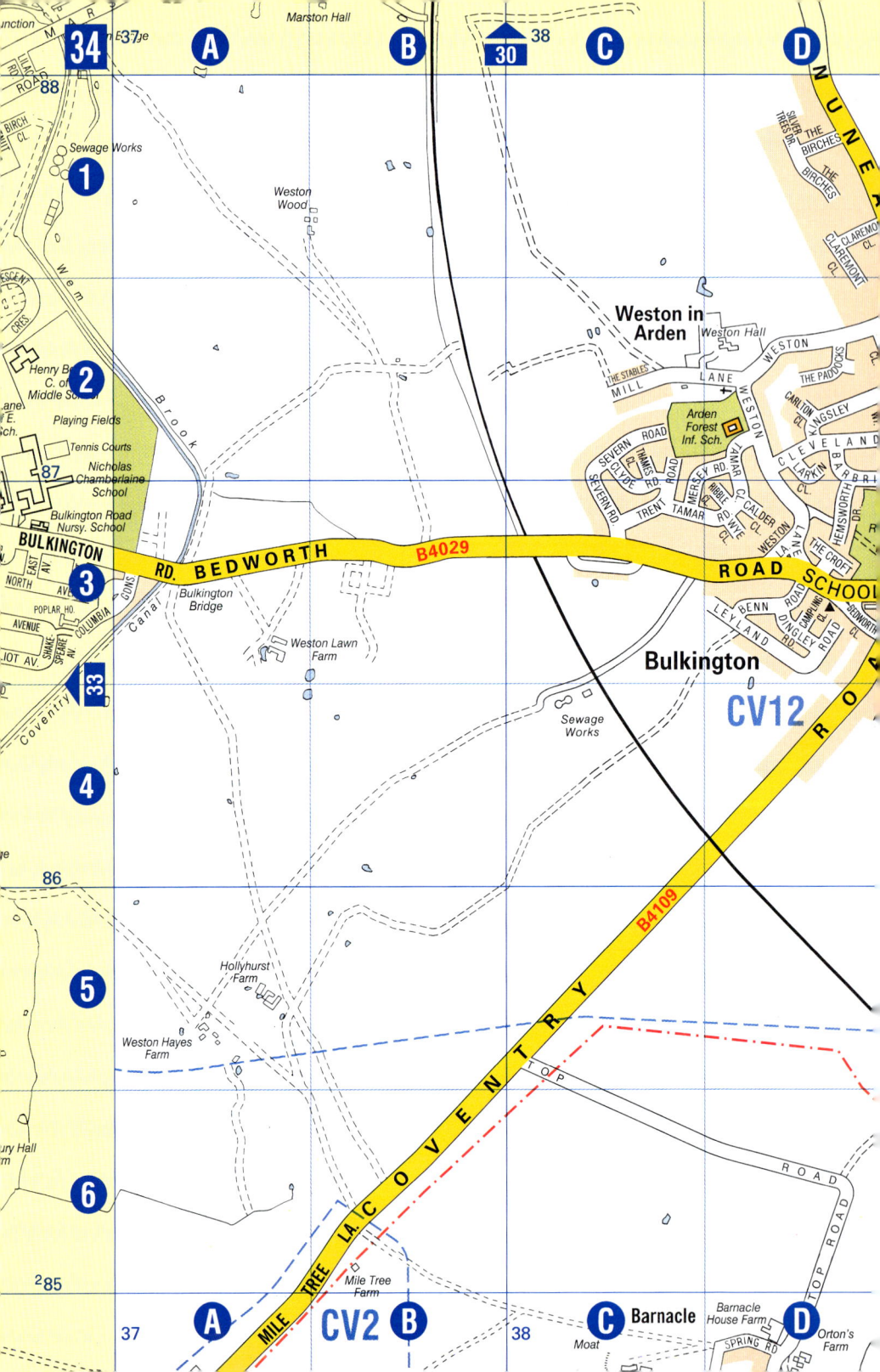

INDEX
Including Streets, Places & Areas, Industrial Estates, Selected Subsidiary Addresses
and Selected Places of Interest.

HOW TO USE THIS INDEX

1. Each street name is followed by its Posttown or Postal Locality and then by its map reference;
e.g. Abbotsford Rd. *Nun* —3A **30** is in the Nuneaton Posttown and is to be found in square 3A on page **30**.
The page number being shown in bold type.
A strict alphabetical order is followed in which Av., Rd., St., etc. (though abbreviated) are read in full and as part of
the street name; e.g. Alder Ct. appears after Alderbrooke Dri. but before Alderney Clo.

2. Streets and a selection of Subsidiary names not shown on the Maps, appear in the index in *Italics* with the
thoroughfare to which it is connected shown in brackets; e.g. *Leonard Perkins Ho. Bulk* —3F **35** *(off Elm Tree Rd.)*

3. Places and areas are shown in the index in **bold type**, the map reference referring to the actual map square in which
the town or area is located and not to the place name; e.g. **Ansley.** —**6C 18**

4. An example of a selected place of interest is Arbury Hall. —4B **28**

GENERAL ABBREVIATIONS

All : Alley	Ct : Court	Lit : Little	Rd : Road
App : Approach	Cres : Crescent	Lwr : Lower	Shop : Shopping
Arc : Arcade	Cft : Croft	Mc : Mac	S : South
Av : Avenue	Dri : Drive	Mnr : Manor	Sq : Square
Bk : Back	E : East	Mans : Mansions	Sta : Station
Boulevd : Boulevard	Embkmt : Embankment	Mkt : Market	St : Street
Bri : Bridge	Est : Estate	Mdw : Meadow	Ter : Terrace
B'way : Broadway	Fld : Field	M : Mews	Trad : Trading
Bldgs : Buildings	Gdns : Gardens	Mt : Mount	Up : Upper
Bus : Business	Gth : Garth	Mus : Museum	Va : Vale
Cvn : Caravan	Ga : Gate	N : North	Vw : View
Cen : Centre	Gt : Great	Pal : Palace	Vs : Villas
Chu : Church	Grn : Green	Pde : Parade	Vis : Visitors
Chyd : Churchyard	Gro : Grove	Pk : Park	Wlk : Walk
Circ : Circle	Ho : House	Pas : Passage	W : West
Cir : Circus	Ind : Industrial	Pl : Place	Yd : Yard
Clo : Close	Info : Information	Quad : Quadrant	
Comn : Common	Junct : Junction	Res : Residential	
Cotts : Cottages	La : Lane	Ri : Rise	

POSTTOWN AND POSTAL LOCALITY ABBREVIATIONS

Ansl : Ansley	*Bir H* : Birchley Heath	*Harts* : Hartshill	*Shent* : Shenton
Arb : Arbury	*Bram* : Bramcote	*High H* : Higham-on-the-Hill	*Shil* : Shilton
Arly : Arley	*Bulk* : Bulkington	*Hinc* : Hinckley	*Smock* : Smockington
Ash G : Ash Green	*Burb* : Burbage	*Hol I* : Holly Lane Ind. Est.	*Stap* : Stapleton
Asty : Astley	*Burt H* : Burton Hastings	*K Mal* : Kirkby Mallory	*Stock* : Stockingford
Aston F : Aston Flamville	*Cald* : Caldecote	*Lind* : Lindley	*Stoke G* : Stoke Golding
Ath : Atherstone	*Cor* : Corley	*L'thpe* : Littlethorpe	*S Stan* : Stoney Stanton
Attl : Attleborough	*Cot* : Coton	*Longf* : Longford	*S Chen* : Sutton Cheney
Attl F : Attleborough Fields Ind. Est.	*Cov* : Coventry	*Man* : Mancetter	*Thurl* : Thurlaston
	Dad : Dadlington	*Nun* : Nuneaton	*Whitt* : Whittington
Barn : Barnacle	*Earl S* : Earl Shilton	*Oldb* : Oldbury	*Wig P* : Wigston Parva
Barw : Barwell	*Elme* : Elmesthorpe	*Rat C* : Ratcliffe Culey	*With* : Witherley
Bay I : Bayton Road Ind. Est.	*Exh* : Exhall	*Ridge L* : Ridge Lane	*Wlvy* : Wolvey
	Fen D : Fenny Drayton	*Sap* : Sapcote	*Wykin* : Wykin
Bed : Bedworth	*Gall C* : Galley Common	*Shac* : Shackerstone	
Berm I : Bermuda Park Ind. Est.	*Gren* : Grendon	*Sharn* : Sharnford	
	Griff : Griff	*S Mag* : Sheepy Magna	

INDEX

Abbey Ga. *Nun* —5G **21**
Abbey Ga. Shop. Precinct.
   Nun —5G **21**
Abbey Grn. *Nun* —4F **21**

Abbey St. *Nun* —4F **21**
  (in two parts)
Abbotsbury Way. *Nun*
   —4B **30**

Abbotsford Rd. *Nun*
   —3A **30**
Abbotts Grn. *Hinc* —4F **25**
Abeles Way. *Ath* —3C **2**

Aberdeen Rd. *Nun* —2A **30**
Abingdon Way. *Nun* —2B **22**
Acacia Cres. *Bed* —2H **33**
Acacia Rd. *Nun* —4C **20**

36 A-Z Nuneaton

Achurch Clo.—Bermuda Pk.

Achurch Clo. *S Stan*
—4H **17**
Acorn Clo. *Bed* —5A **32**
Adcote Clo. *Barw* —1G **15**
Addison Clo. *Gall C* —4G **19**
Adelaide Ct. *Bed* —3E **33**
Admirals Way. *Bram*
—5G **31**
Adrian Dri. *Barw* —6G **5**
Aintree Clo. *Bed* —1F **33**
Alan Bray Clo. *Hinc* —2F **23**
Alandale Ct. *Bed* —5A **32**
Albert Rd. *Hinc* —6D **14**
Albert St. *Nun* —6C **20**
Albion Ct. *Nun* —6H **21**
Albrighton Wlk. *Nun*
—1C **30**
Alderbrooke Dri. *Nun*
—2C **30**
Alder Ct. *Ath* —4D **2**
Alderney Clo. *Bram* —5H **31**
Aldersgate. *Nun* —6G **21**
Alders La. *Nun* —2G **19**
Alders, The. *Bed* —3C **32**
Aldin Way. *Hinc* —4A **14**
Aldridge Rd. *Hinc* —3D **24**
Alesworth Dri. *Burb* —5F **25**
Alexander Av. *Earl S* —5D **6**
Alexander Gdns. *Hinc*
—5C **14**
Alexander Rd. *Bed* —2G **33**
Alexandra Ct. *Ath* —5E **3**
Alexandra St. *Nun* —5F **21**
Alfreton Clo. *Burb* —4F **25**
Alice Clo. *Bed* —4D **32**
Alliance Clo. *Attl F* —6B **22**
All Saints Clo. *Sap* —2H **27**
All Saints Rd. *Bed* —4D **32**
All Saints Sq. *Bed* —2F **33**
Alma Ct. *Bram* —5H **31**
Alma Rd. *Hinc* —6D **14**
Almeys La. *Earl S* —5D **6**
Almond Av. *Nun* —3A **20**
Almond Way. *Earl S* —1C **16**
Almshouses. *Bed* —2F **33**
Amberley Av. *Bulk* —2E **35**
Ambien Rd. *Ath* —6D **2**
Ambleside. *Barw* —6A **6**
Ambleside Rd. *Bed* —3E **33**
Ambleside Way. *Nun*
—3A **22**
Amos Av. *Nun* —1F **29**
Amos-Jaques Rd. *Bed*
—1E **33**
Anderton Rd. *Bed* —4A **32**
Andrew Clo. *Stoke G*
—2F **13**
Angus Rd. *Barw* —1G **15**
Anker Ct. *Attl F* —6B **22**
Anker St. *Nun* —6H **21**
Ansley. —6C 18
Ansley Common. —2E 19
Ansley Comn. *Nun* —1E **19**
Ansley La. *Arly & Ansl*
—6A **18**
Ansley Rd. *Nun* —6C **18**
Applebee Rd. *Hinc* —3C **24**
Apple Pk. La. *Harts* —4H **9**
Apple Tree Clo. *Barw* —4H **5**
Arbury Av. *Bed* —2E **33**

Arbury Hall. —4B 28
Arbury Rd. *Nun* —1A **28**
Arcade, The. *Ath* —5D **2**
Archibald M. *Ath* —6F **3**
Arden Av. *Ath* —5E **3**
Arden Forest Est. *Ridge L*
—5B **8**
Arden Rd. *Bulk* —3E **35**
Arden Rd. *Nun* —2C **30**
Arden St. *Ath* —6E **3**
Argent's Mead. *Hinc*
—1D **24**
Argent's Mead Wlk. *Hinc*
—1D **24**
Arklet Clo. *Nun* —4A **20**
Arley La. *Ansl* —6C **18**
Arlington Way. *Nun* —1B **30**
Arlon Av. *Nun* —2B **20**
Armada Ct. *Hinc* —2B **24**
Armadale Clo. *Hinc* —6A **14**
Armour Clo. *Burb* —4D **24**
Armson Rd. *Exh* —5E **33**
Arncliffe Clo. *Nun* —1C **30**
Arnold Rd. *Stoke G* —2F **13**
Arran Clo. *Nun* —6D **20**
Arran Way. *Hinc* —6B **14**
Arthur Alford Ho. *Bed*
—4B **32**
Arthur Russell Ct. *Nun*
—6C **20**
Arthur St. *Barw* —6H **5**
Artillery Rd. *Bram* —5H **31**
Arundel Rd. *Bulk* —2E **35**
Ascot Clo. *Bed* —1F **33**
Ashbrook Ri. *Nun* —5H **9**
Ashburton Clo. *Burb*
—3G **25**
Ashby Ct. *Hinc* —4E **15**
Ashby Ct. *Nun* —6H **21**
Ashby Rd. *Hinc & Barw*
—5D **14**
Ashby Rd. *Stap* —1E **5**
Ashdown Dri. *Nun* —1D **28**
Ash Dri. *Harts* —1G **19**
Ashe Rd. *Nun* —6H **19**
Ashford Dri. *Bed* —2E **33**
Ashford Rd. *Hinc* —2B **24**
Ash Green. —6A 32
Ash Grn. La. *Cov* —6A **32**
Ash Gro. *Cov* —6A **32**
Ashington Rd. *Bed* —4A **32**
Ashleigh Dri. *Nun* —2B **30**
Ashleigh Gdns. *Barw* —5H **5**
Ash Ridge Clo. *Nun* —3B **30**
Ash Rd. *Earl S* —6B **6**
Ashwood Rd. *Nun* —3C **20**
Aster Clo. *Hinc* —3E **25**
Aster Clo. *Nun* —2C **30**
Aster Way. *Hinc* —3D **24**
Astley La. *Asty*
—2A **28** & 1A **32**
(in two parts)
Astley Rd. *Earl S* —5D **6**
Aston Flamville. —3C 26
Aston Ind. Est. *Bed* —3H **33**
Aston La. *Burb* —3G **25**
Aston La. *Sharn* —4E **27**
Aston Pk. Ind. Est. *Nun*
—3F **21**
Aston Rd. *Nun* —4F **21**

Atherstone. —5D 2
Atherstone By-Pass. *Ath*
—4B **2**
Atherstone Rd. *Ath* —2D **2**
Atherstone Rd. *Harts* —5H **9**
Atherstone Rd. *Rat C* —3F **3**
Atholl Cres. *Nun* —1C **28**
Atkins Way. *Hinc* —2E **25**
Atterton La. *With* —5H **3**
Attleborough. —2A 30
Attleborough By-Pass. *Attl*
—1H **29**
Attleborough Ind. Est. *Attl F*
—6B **22**
Attleborough Rd. *Nun*
—6H **21**
Auden Clo. *Gall C* —5F **19**
Aulton Cres. *Hinc* —6B **14**
Aulton Way. *Hinc* —6B **14**
Austen Clo. *Gall C* —4F **19**
Austin Clo. *Ath* —6D **2**
Avebury Clo. *Nun* —1B **30**
Avenue N. *Earl S* —5E **7**
Avenue Rd. *Nun* —1G **29**
Avenue S. *Earl S* —5E **7**
Aviemore Clo. *Nun* —1E **29**
Avon Clo. *Bulk* —5D **30**
Avon Wlk. *Hinc* —1A **24**
Axminster Clo. *Nun* —4A **22**
Ayrshire Clo. *Barw* —1G **15**
Aysgarth Clo. *Nun* —1C **30**
Azalea Clo. *Hinc* —4E **25**
Azalea Dri. *Hinc* —3E **25**
Azalea Wlk. *Hinc* —4E **25**

Bachelors Bench. *Ath*
—6D **2**
Back St. *Nun* —4G **21**
Baines La. *Hinc* —6D **14**
Baker M. *Ath* —5D **2**
Bakers Ct. *Ath* —5D **2**
Balfour Clo. *Hinc* —2E **25**
Balliol Rd. *Hinc* —3F **25**
Balmoral Ct. *Nun* —3C **20**
Balmoral Rd. *Earl S* —6B **6**
Bank Rd. *Ath* —5E **3**
Bank Ter. *Barw* —1G **15**
Banky Mdw. *Hinc* —2G **25**
Baptist Wlk. *Hinc* —6D **14**
Barbridge Clo. *Bulk* —3E **35**
Barbridge Rd. *Bulk* —2D **34**
Bardon Rd. *Barw* —5H **5**
Bardsey Clo. *Hinc* —6B **14**
Barlestone Dri. *Hinc* —6A **14**
Barleyfield. *Hinc* —4C **14**
Barnacle La. *Bulk* —4E **35**
Barne Clo. *Nun* —4D **30**
Barnsley Clo. *Ath* —6D **2**
Barons Cft. *Nun* —5A **20**
Barpool Rd. *Nun* —5D **20**
Barracks, The. *Barw*
—1G **15**
Barrie Rd. *Hinc* —4D **14**
Barr La. *High H* —4C **12**
Barsby Clo. *Ath* —6D **2**
Barton Rd. *Bed* —2E **33**
Barton Rd. *Nun* —2G **29**
Barwell. —1G 15
Barwell La. *Barw* —2A **5**

Barwell La. *Hinc* —4E **15**
Barwell Path. *Hinc* —5E **15**
Basin Bri. La. *Stoke G*
—1B **12**
Bassett La. *Sap* —2H **27**
Bath Clo. *Sap* —1H **27**
Bath Rd. *Ath* —6E **3**
Bath Rd. *Nun* —4G **21**
Battledown Clo. *Hinc*
—5B **14**
Bayton Ind. Est. *Exh* —6E **33**
Bayton Rd. *Exh* —6E **33**
Bayton Rd. Ind. Est. *Exh*
—5F **33**
Bayton Way. *Exh* —6G **33**
Bazzard Rd. *Bram* —5H **31**
Beaconsfield Ct. *Nun*
—4H **21**
Beales Clo. *Stap* —3E **5**
Bearsdon Cres. *Hinc*
—5B **14**
Beatty Clo. *Hinc* —3D **14**
Beaufort Clo. *Burb* —5E **25**
Beaumont Av. *Hinc* —2A **24**
Beaumont Pl. *Nun* —5E **21**
Beaumont Rd. *Nun* —4D **20**
Bedale Av. *Hinc* —5F **15**
Bede Arc. *Bed* —2F **33**
Bede Rd. *Bed* —1E **33**
Bede Rd. *Nun* —6B **20**
Bede Village. *Bed* —5A **32**
Bedford Clo. *Hinc* —4E **15**
Bedworth. —3F 33
Bedworth Clo. *Bulk* —3D **34**
Bedworth Heath. —3C 32
Bedworth La. *Bed* —1A **32**
Bedworth Rd. *Bulk* —3A **34**
Bedworth Sloughs Nature
Reserve. —2D 32
Bedworth Woodlands.
—2C 32
Beech Clo. *Harts* —1G **19**
Beech Cft. *Bed* —4D **32**
Beeches, The. *Bed* —3C **32**
Beeches, The. *Earl S* —4D **6**
Beechwood Av. *Hinc*
—6D **24**
Beechwood Rd. *Bed*
—1G **33**
Beechwood Rd. *Nun*
—3B **20**
Beecken Clo. *Hinc* —1B **24**
Begonia Clo. *Hinc* —4E **25**
Begonia Dri. *Hinc* —4E **25**
Bellairs Av. *Bed* —4C **32**
Bell Dri. *Cov* —6C **32**
Belle Vue. *Nun* —6C **20**
Belle Vue Rd. *Earl S* —5A **6**
Benbow Clo. *Hinc* —3D **14**
Bennett Clo. *Stoke G*
—2F **13**
Benn Rd. *Bulk* —3D **34**
Bentley Rd. *Exh* —4E **33**
Bentley Rd. *Nun* —5E **21**
Berkeley Clo. *Nun* —6F **21**
Berkshire Clo. *Nun* —6C **20**
Bermuda. —3E 29
Bermuda Ind. Est. *Berm I*
—3F **29**
Bermuda Pk. *Nun* —4E **29**

A-Z Nuneaton 37

Bermuda Rd.—Central Av.

Bermuda Rd. *Nun* —1E **29**
Berrington Rd. *Nun* —2A **20**
Berwyn Way. *Nun* —5H **19**
Beryl Av. *Hinc* —5A **14**
Bettina Clo. *Nun* —4H **19**
Beverley Av. *Nun* —5H **19**
Billington Rd. E. *Elme*
　—2B **16**
Billington Rd. W. *Elme*
　—2B **16**
Birch Clo. *Bed* —1H **33**
Birch Clo. *Earl S* —1B **16**
Birches, The. *Barw* —1G **15**
Birches, The. *Bulk* —1D **34**
Birchley Heath Rd. *Bir H*
　—5A **8**
Birch Tree Rd. *Nun* —3A **20**
Birkdale Clo. *Nun* —2C **30**
Birmingham Rd. *Ansl*
　—3A **18**
Birvell Ct. *Bed* —3H **33**
Black-a-Tree Ct. *Nun*
　—4D **20**
Black-a-Tree Pl. *Nun*
　—5C **20**
Black-a-Tree Rd. *Nun*
　—5C **20**
Black Bank. —4F 33
Black Bank. *Exh* —4F **33**
Blackburn Rd. *Barw*
　—1G **15**
Black Horse Rd.
　Exh & Longf —6E **33**
Black Horse Yd. *Hinc*
　—6D **14**
Blacksmiths Yd. *Stoke G*
　—2F **13**
Blackthorn Gro. *Nun*
　—1B **30**
Bladon Clo. *Nun* —1B **22**
Blair Dri. *Bed* —4B **32**
Blake Clo. *Gall C* —4G **19**
Blake Clo. *Hinc* —3D **14**
Blenheim Clo. *Hinc* —3F **15**
Blenheim Clo. *Nun* —1B **30**
Blind La. *Ath* —2G **9**
Blockley Rd. *Bed* —1G **33**
Blockleys Yd. *Hinc* —1C **24**
Blue Boar Yd. *Hinc* —1C **24**
Blyth Clo. *Bed* —4A **32**
Bodmin Clo. *Hinc* —3E **15**
Bond Ga. *Nun* —5G **21**
Bond St. *Nun* —4G **21**
Bonnington Dri. *Bed* —1E **33**
Borough, The. *Hinc* —1D **24**
Borrowdale Clo. *Earl S*
　—6D **6**
Boscastle Ho. *Bed* —4A **32**
Bostock Clo. *Elme* —3D **16**
Boston Way. *Barw* —1F **15**
Bosworth Clo. *Hinc* —6A **14**
Bosworth Grn. *Earl S* —4F **7**
Bottrill St. *Nun* —4F **21**
Bourne Clo. *Ath* —3E **3**
Bowling Grn. La. *Bed*
　—6C **32**
Bowling Grn. Rd. *Hinc*
　—6E **15**
Bowman Grn. *Hinc* —3F **25**
Boyslade Rd. *Hinc* —4F **25**

Boyslade Rd. E. *Hinc*
　—4F **25**
Bracebridge Rd. *Ath* —6C **2**
Bracebridge St. *Nun* —5F **21**
Brackendale Dri. *Nun*
　—1D **28**
Bradestone Rd. *Nun*
　—2H **29**
Bradgate Rd. *Barw* —5H **5**
Bradgate Rd. *Hinc* —5F **15**
Brading Rd. *Nun* —3H **21**
Braemar Way. *Nun* —1E **29**
Bramble Clo. *Nun* —1B **30**
Bramcote. —6G 31
Bramcote Clo. *Bulk* —3F **35**
Bramcote Clo. *Hinc* —4F **15**
Bramcote Mains. —2G 35
Bramdene Av. *Nun* —1G **21**
Brame Rd. *Hinc* —5C **14**
Brampton Way. *Bulk*
　—2D **34**
Brandon Rd. *Hinc* —2B **24**
Brascote Rd. *Hinc* —1H **23**
Breach La. *Earl S* —6C **6**
Brechin Clo. *Hinc* —1A **24**
Brendon Way. *Nun* —6G **19**
Brenfield Dri. *Hinc* —1A **24**
Bretts Hall Est. *Nun* —2F **19**
Brewer Rd. *Bulk* —4F **35**
Briar Clo. *Hinc* —3F **25**
Briardene Av. *Bed* —3F **33**
Briarmead. *Burb* —5E **25**
Briars Clo. *Nun* —4A **22**
Brick Kiln St. *Hinc* —1C **24**
Bridge La. *With* —6H **3**
Bridge Rd. *Hinc* —2D **24**
Bridge St. *Cot* —1G **29**
Bridge St. *Nun* —5G **21**
Bridle Path Rd. *Elme*
　—3B **16**
Brindley Clo. *Hol I* —4C **2**
Brindley Rd. *Bay I* —6F **33**
Brindley Rd. *Hinc* —1G **23**
Brisbane Ct. *Bed* —3E **33**
Britannia Rd. *Hinc* —4G **25**
Britannia Shop. Cen. *Hinc*
　—6D **14**
Britten Clo. *Nun* —4C **30**
Brixham Clo. *Nun* —4B **22**
Broadsword Way. *Burb*
　—5D **24**
Brockey Clo. *Barw* —6H **5**
Brockhurst Av. *Hinc*
　—5D **24**
Brodick Clo. *Hinc* —1A **24**
Brodick Rd. *Hinc* —1H **23**
Brodick Way. *Nun* —6D **20**
Bronte Clo. *Gall C* —4F **19**
Bronze Clo. *Nun* —3A **30**
Brookdale. *Hinc* —1B **24**
Brookdale Rd. *Nun* —2H **21**
Brookfield. *Sharn* —4G **27**
Brookfield Rd. *Hinc* —3C **24**
Brook La. *Nun* —3G **21**
Brooklea. *Bed* —3D **32**
Brookside. *Hinc* —3D **24**
Brook St. *Bed* —6F **29**
Brook Wlk. *Ath* —1F **9**
Broomfield Ri. *Nun* —1D **28**
Brosdale Dri. *Hinc* —6A **14**

Broughton Rd. *S Stan*
　—5H **17**
Browning Clo. *Gall C*
　—4G **19**
Browning Dri. *Hinc* —6C **14**
Brown's Clo. *Sap* —1H **27**
Bruce Rd. *Exh* —6D **32**
Brunel Rd. *Hinc* —1C **24**
Bryant Rd. *Bay I* —6E **33**
Buchan Clo. *Gall C* —5F **19**
Buckingham Clo. *Berm I*
　—2F **29**
Buckingham Clo. *Hinc*
　—3F **15**
Buckinghams Way. *Sharn*
　—5F **27**
Bucks Hill. *Nun* —2H **19**
Buckwell Rd. *Sap* —1H **27**
Bulkington. —3D 34
Bulkington La. *Nun* —3C **30**
Bulkington Rd. *Bed* —3G **33**
Bulkington Rd. *Shil* —6F **35**
Bullfurlong La. *Hinc* —4F **25**
Bull Ring. *Nun* —1F **29**
Bull St. *Nun* —1H **29**
Bumble Bee Gdns. *Sharn*
　—5G **27**
Burbage. —3G 25
Burbage Common Country Pk.
　—4H **15**
Burbage Comn. Rd. *Elme*
　—4H **15**
Burbage Common Vis. Cen.
　—4H **15**
Burbage Rd. *Hinc* —1F **25**
Burbage Woods Country Pk.
　—6A **16**
Burbury Clo. *Bed* —1G **33**
Burgage Pl. *Nun* —5G **21**
Burgage Wlk. *Nun* —4F **21**
　(in two parts)
Burghley Clo. *Nun* —1B **30**
Burleigh Rd. *Hinc* —5C **14**
Burlington Rd. *Berm I*
　—3F **29**
Burnaby Clo. *Nun* —4H **19**
Burnham Ri. *Nun* —3C **22**
Burns Wlk. *Bed* —4G **33**
Burnsway. *Hinc* —6C **14**
Burton Hastings. —3H 31
Burton La. *Burt H* —5H **31**
Burton Rd. *Fen D* —3E **11**
Bute Clo. *Hinc* —6C **14**
Butler's Cres. *Exh* —4E **33**
Buttermere Av. *Nun* —3C **22**
Butt La. *Hinc* —6E **15**
Butt La. *Clo. Hinc* —6E **15**
Byford Ct. *Nun* —5D **20**
Byford St. *Nun* —5D **20**
Byron Av. *Bed* —3H **33**
Byron St. *Barw* —5H **5**
Byron St. *Earl S* —6C **6**

Cadle Clo. *S Stan* —3H **17**
Cadman Clo. *Bed* —2G **33**
Caernarfon Dri. *Nun*
　—6H **21**
Caldecote. —5E 11
Caldecote Clo. *Nun* —2G **21**

Caldecote Hall Dri. *Cald*
　—4D **10**
Caldecote La. *Cald* —6D **10**
　(in two parts)
Calder Clo. *Bulk* —3D **34**
Caldon Clo. *Hinc* —1B **24**
Caldwell Cvn. Pk. *Nun*
　—3H **29**
Caldwell Ct. *Nun* —2H **29**
Caldwell Rd. *Nun* —1G **29**
Callendar Clo. *Nun* —2C **22**
Calver Cres. *Sap* —2H **27**
Camborne Dri. *Nun* —4B **22**
Cambourne Rd. *Burb*
　—3G **25**
Cambridge Dri. *Nun* —6C **20**
Camp Hill. —3B 20
Camp Hill Dri. *Nun* —2B **20**
Camphill Ind. Est. *Nun*
　—4D **20**
Camp Hill Rd. *Nun* —2H **19**
Campling Clo. *Bulk* —3D **34**
Campton Clo. *Hinc* —2E **25**
Canberra Ct. *Bed* —3E **33**
Candle La. *Earl S* —5D **6**
Canning St. *Hinc* —6C **14**
Canon Dri. *Cov* —6B **32**
Canterbury Way. *Nun*
　—1C **22**
Cardigan Rd. *Bed* —4A **32**
Carey Hill Rd. *S Stan*
　—5H **17**
Carisbrook Rd. *Nun* —3H **21**
Carlton Clo. *Bulk* —2D **34**
Carlyle Clo. *Gall C* —4F **19**
Carlyon Rd. *Ath* —4E **3**
Carlyon Rd. Ind. Est. *Ath*
　—4G **3**
Carnoustie Clo. *Nun* —3E **31**
Caroline Clo. *Nun* —4B **30**
Carousel Pk. *Barw* —5F **5**
Carpenters Clo. *Hinc*
　—4F **25**
Carr's Dri. *Earl S* —5D **6**
Carrs Rd. *Earl S* —5D **6**
Cashmore Rd. *Bed* —4C **32**
Castle Clo. *Earl S* —4D **6**
Castle Clo. *Sap* —2H **27**
Castle Ct. *Hinc* —3D **24**
Castlemaine Dri. *Hinc*
　—4E **15**
Castle Rd. *Harts* —5H **9**
Castle Rd. *Nun* —2G **21**
Castle St. *Hinc* —1D **24**
Cavalier Clo. *Nun* —1A **30**
Cavendish Wlk. *Nun*
　—3E **31**
Caversham Clo. *Nun*
　—2B **22**
Cecil Leonard Knox Cres.
　Bram —5H **31**
Cedar Ct. *Hinc* —3G **25**
Cedar Rd. *Earl S* —6B **6**
Cedar Rd. *Nun* —3B **20**
Cedars Rd. *Exh* —4F **33**
Cedars, The. *Exh* —5E **33**
Cemetery La. *Harts* —6H **9**
Centenary Bus. Pk. *Attl F*
　—6A **22**
Central Av. *Nun* —4F **21**

38 A-Z Nuneaton

Centrovell Ind. Est.—Daffern Rd.

Centrovell Ind. Est. *Nun* —1G **29**
Chalfont Clo. *Bed* —1E **33**
Chamberlaine St. *Bed* —2F **33**
Chancery Ct. *Nun* —2G **19**
Chancery La. *Nun* —2H **19**
Chandos St. *Nun* —5E **21**
Change Brook Clo. *Nun* —1B **22**
Chapel End. —2H 19
Chapel La. *Sharn* —5G **27**
Chapel La. *With* —5H **3**
Chapel St. *Barw* —1G **15**
Chapel St. *Bed* —2F **33** (in two parts)
Chapel St. *Earl S* —4E **7**
Chapel St. *Nun* —5G **21**
Chapel St. *Sharn* —5G **27**
Chapel St. *Stap* —4F **5**
Chapel Yd. *Hinc* —1D **24**
Charlecote Wlk. *Nun* —3B **30**
Charles Eaton Rd. *Bed* —2D **32**
Charles Rd. *Ath* —6F **3**
Charles St. *Hinc* —6D **14**
Charles St. *Nun* —4E **21**
Charleston Cres. *Barw* —1G **15**
Charnwood Av. *Nun* —1C **28**
Charnwood Clo. *Hinc* —5E **15**
Charnwood Dri. *Harts* —5G **9**
Charnwood Rd. *Barw* —5H **5**
Charnwood Rd. *Hinc* —5D **14**
Chartwell Clo. *Nun* —2B **30**
Chase Clo. *Nun* —3H **21**
Chatsworth Clo. *Hinc* —3F **25**
Chatsworth Dri. *Nun* —1B **30**
Chaucer Dri. *Gall C* —4G **19**
Chelsea Clo. *Nun* —2B **22**
Cheltenham Clo. *Bed* —1F **33**
Chequer St. *Bulk* —3E **35**
Cherryfield Clo. *Harts* —5H **9**
Cherry Orchard Est. *High H* —4B **12**
Cherry Tree Av. *Nun* —3C **20**
Cherry Tree Dri. *Barw* —5H **5**
Cherwell Clo. *Hinc* —1A **24**
Chessher St. *Hinc* —6C **14**
Chesterfield Way. *Barw* —6A **6**
Chesterton Dri. *Gall C* —4F **19**
Chestnut Cres. *Nun* —3C **20**
Chestnut Dri. *Attl F* —6A **22**
Chestnut Rd. *Bed* —1H **33**
Chestnuts, The. *Bed* —3C **32**
Chetwynd Dri. *Nun* —4D **30**
Cheveral Rd. *Bed* —2E **33**
Cheverel Pl. *Nun* —1F **29**

Cheverel St. *Nun* —6F **21**
Cheviot Clo. *Nun* —6H **19**
Chichester Clo. *Nun* —2C **22**
Chilvers Coton. —2G 29
Chilvers Ct. *Nun* —5G **21**
Chilworth Clo. *Nun* —3A **30**
Chines, The. *Nun* —2H **21** (CV10)
Chines, The. *Nun* —1H **29** (CV11)
Choyce Clo. *Ath* —3D **2**
Church Clo. *Barw* —1G **15**
Church Clo. *Burb* —4G **25**
Church Clo. *Nun* —1H **19**
Church Clo. *Stoke G* —2F **13**
Churchdale Clo. *Nun* —5A **20**
Church End. —3A 18
Chu. Farm Ct. *Aston F* —3C **26**
Church La. *Ansl* —4A **18**
Church La. *Barw* —1G **15**
Church La. *Exh* —6C **32**
Church La. *Fen D* —1D **10**
Church La. *Nun* —2G **21**
Church La. *Rat C* —1H **3**
Church La. *Stap* —4E **5**
Church Rd. *Harts* —1H **19**
Church Rd. *Nun* —6A **20**
Church Rd. *With* —5H **3**
Church St. *Ath* —5D **2**
Church St. *Bulk* —3E **35**
Church St. *Burb* —3G **25**
Church St. *Earl S* —4D **6**
Church St. *Nun* —5G **21**
Church St. *Sap* —2H **27**
Church St. *S Stan* —5H **17**
Church Wlk. *Ath* —5E **3** (in two parts)
Church Wlk. *Bed* —3F **33**
Church Wlk. *Hinc* —1D **24**
Church Wlk. *Nun* —1A **30**
Church Wlk. *Sap* —2H **27**
Church Wlk. *Shac* —2F **13**
Church Way. *Bed* —3F **33**
Cicey La. *Burt H* —3H **31**
Circle, The. *Nun* —5C **20**
Claremont Clo. *Bulk* —1D **34**
Clarence Ct. *Hinc* —1E **25**
Clarence Rd. *Hinc* —1E **25**
Clarence St. *Nun* —5E **21**
Clarendon Rd. *Hinc* —2C **24**
Clarkes Yd. *Hinc* —6D **14**
Clay Av. *Nun* —2A **22**
Clear Vw. Cres. *Earl S* —4D **6**
Cleaver Gdns. *Nun* —3G **21**
Clement St. *Nun* —6F **21**
Clent Dri. *Nun* —6H **19**
Cleveland Rd. *Bulk* —2D **34**
Cleveland Rd. *Hinc* —1C **24**
Cleveley Dri. *Nun* —2B **20**
Clifton Ct. *Nun* —6B **14**
Clifton Rd. *Nun* —5D **20**
Clifton Way. *Hinc* —5A **14**
Clinic Dri. *Nun* —6G **21**
Clint Hill Dri. *S Stan* —4H **17**

Cliveden Wlk. *Nun* —3A **30**
Clives Way. *Hinc* —5C **14**
Cloisters, The. *Earl S* —5C **6**
Close, The. *Barw* —6H **5**
Close, The. *Sharn* —5F **27**
Close, The. *Stap* —3F **5**
Clovelly Way. *Nun* —4A **22**
Cloverfield. *Hinc* —4C **14**
Clover Pk. *Hinc* —4B **14**
Clunes Av. *Nun* —3A **22**
Clyde Rd. *Bulk* —2C **34**
Coalpit Field. —3H 33
Coalpit Fields Rd. *Bed* —3G **33**
Coldstream Clo. *Hinc* —6A **14**
Coleshill Rd. *Ansl* —2C **18**
Coleshill Rd. *Ath* —1A **8**
Coleshill Rd. *Nun* —2G **19**
Coleshill St. *Ath* —5D **2**
Coley Clo. *Hinc* —2D **24**
College La. *Hinc* —6E **15**
College St. *Nun* —1F **29**
Colliery La. *Exh* —4F **33**
Colliery La. N. *Exh* —4F **33**
Collycroft. —1F 33
Colts Clo. *Hinc* —5D **24**
Columbia Gdns. *Bed* —3H **33**
Common, The. *Barw* —1H **15**
Congreve Wlk. *Bed* —3F **33**
Conifer Clo. *Bed* —1G **33**
Conifer Ct. *Bed* —1G **33**
Coniston Clo. *Bulk* —2E **35**
Coniston Clo. *Earl S* —5D **6**
Coniston Ct. *Earl S* —5D **6**
Coniston Ct. *Nun* —2B **22**
Coniston Way. *Nun* —2B **22**
Constable Clo. *Bed* —6E **29**
Constance Clo. *Bed* —5D **32**
Convent Clo. *Ath* —6F **3**
Convent La. *Ath* —6F **3**
Conwy Clo. *Nun* —6H **21**
Cooks Clo. *Ath* —5D **2**
Cooks La. *Sap* —2H **27**
Cooper St. *Nun* —5H **21**
Coppice Clo. *Hinc* —4F **15**
Coppice, The. *Ath* —1G **9**
Coppice, The. *Burb* —1G **25**
Coppice, The. *Nun* —2G **21**
Coppice Wlk. *Hinc* —4F **15**
Copse, The. *Exh* —5E **33**
Copsewood Av. *Nun* —4C **30**
Coral Clo. *Burb* —5F **25**
Corfe Way. *Nun* —6F **21**
Corley Vw. *Ash G* —6A **32**
Cornfield. *Hinc* —3C **14**
Cornish Clo. *Nun* —1F **19**
Cornish Cres. *Nun* —1E **29**
Cornwall Way. *Hinc* —3E **15**
Coronation Ct. *Nun* —5F **21**
Coronation Rd. *Earl S* —1B **16**
Corporation St. *Nun* —4F **21**
Cotes Rd. *Burb* —4F **25**
Cotman Clo. *Bed* —1E **33**
Cotman Dri. *Hinc* —4A **14**
Coton Lawn. —2B 28

Coton Rd. *Nun* —5G **21**
Cotswold Cres. *Nun* —6H **19**
Cottage Gdns. *Earl S* —5D **6**
Cotton Ct. *Earl S* —5D **6**
Council Rd. *Hinc* —6D **14**
Countess Rd. *Nun* —5E **21**
Courtney Clo. *Nun* —2B **22**
Coventry Rd. *Barn & Bulk* —6B **34**
Coventry Rd. *Bed* —4F **33**
Coventry Rd. *Burb* —5E **25**
Coventry Rd. *Griff & Nun* —6F **29**
Coventry Rd. *Hinc* —2G **23**
Coventry Rd. *Sap* —4H **27**
Coventry Rd. *Wig P & Sharn* —6F **27**
Coventry Rd. *Exhall.* —6E **33**
Coventry St. *Nun* —5G **21**
Cowper Rd. *Hinc* —3D **24**
Coxs Clo. *Nun* —6F **21**
Cozens Clo. *Bed* —1E **33**
Crabtree Rd. *Barw* —2F **15**
Craddock Ct. *Nun* —2A **20**
Craddock Dri. *Nun* —2A **20**
Crammond Clo. *Hinc* —1B **24**
Crantock Way. *Nun* —5B **22**
Crediton Clo. *Nun* —4B **22**
Crescent, The. *Elme* —2B **16**
Cresswell Clo. *Nun* —1G **21**
Croft Clo. *Barw* —1H **15**
Croft Fields. *Bed* —3F **33**
Croft Mead. *Nun* —6C **18**
Croft Pool. *Bed* —3D **32**
Croft Rd. *Ath* —4D **2**
Croft Rd. *Bed* —3D **32**
Croft Rd. *Nun* —1C **28**
Croft, The. *Bulk* —3D **34**
Cromarty Dri. *Hinc* —6H **13**
Cromdale Clo. *Nun* —6G **19**
Crondal Rd. *Exh* —6F **33**
Cross Farm Ct. *S Stan* —5H **17**
Crosskirk Rd. *Hinc* —6H **13**
Crossland Row. *Burb* —3G **25**
Cross St. *Nun* —6B **20**
Crossways. *Hinc* —4F **25**
Crowhill Rd. *Nun* —1B **30**
Crown & Anchor Yd. *Hinc* —6D **14**
Crown Ct. *Hinc* —6D **14**
Crown Hill Rd. *Burb* —5D **24**
Croxhall St. *Bed* —3G **33**
Culpeper Clo. *Nun* —5C **20**
Cumberland Dri. *Nun* —6C **20**
Cumberland Way. *Barw* —6G **5**
Cumbrae Dri. *Hinc* —6B **14**
Curzon Clo. *Burb* —2F **25**

Dadlington. —1G **13**
Dadlington La. *Stap* —4B **4**
Dadlington Rd. *Shent* —1H **13**
Daffern Rd. *Exh* —4E **33**

Dahlia Clo.—Frisby Rd.

Dahlia Clo. *Hinc* —3E **25**
Dale End. *Nun* —4C **20**
Dale End Clo. *Hinc* —2A **24**
Dalmahoy Clo. *Nun* —3E **31**
Dalton Rd. *Bed* —3D **32**
Damson Ct. *Hinc* —2B **24**
Daniel Av. *Nun* —6A **20**
Daniel Rd. *Man* —6F **3**
Dares Wlk. *Hinc* —6D **14**
Dark La. *Bed* —4B **32**
Darley Rd. *Hinc* —4E **25**
Dart Clo. *Hinc* —1A **24**
Dartington Way. *Nun*
—3B **30**
Darwin Clo. *Hinc* —4E **15**
Darwin Ct. *Bed* —3E **33**
Davenport Ter. *Hinc* —1E **25**
David Rd. *Exh* —5D **32**
Davies Rd. *Exh* —5D **32**
Dawlish Clo. *Nun* —4A **22**
Dawsons La. *Barw* —1H **15**
Deacon St. *Nun* —6G **21**
Dean Clo. *Hinc* —5E **15**
Dean Rd. *Hinc* —5E **15**
Dean Rd. W. *Hinc* —5E **15**
Deans Way. *Cov* —6B **32**
De-la-Bere Cres. *Hinc*
—3G **25**
Delamere Rd. *Bed* —3D **32**
De Montfort Rd. *Hinc*
—5E **15**
Dempster Ct. *Nun* —5H **21**
Dempster Rd. *Bed* —1E **33**
Denehurst Way. *Nun*
—6D **20**
Denham Ct. *Ath* —5E **3**
Denis Rd. *Hinc* —4C **24**
Derby La. *Ath* —5D **2**
Derby Rd. *Hinc* —5D **14**
Deronda Rd. *Bed* —2E **33**
Derwent Clo. *Earl S* —6D **6**
Derwent Rd. *Bed* —3E **33**
Derwent Way. *Nun* —3B **22**
Deveron Way. *Hinc* —6B **14**
Devon Clo. *Nun* —6D **20**
Devoran Clo. *Exh* —5F **33**
Dickens Clo. *Gall C* —5G **19**
Didsbury Rd. *Exh* —4E **33**
Dillon Ct. *Nun* —4F **21**
Dingle, The. *Nun* —3C **20**
Dingley Rd. *Bulk* —3D **34**
Disney Clo. *S Stan* —5H **17**
Doctor Cookes Clo. *Barw*
—1G **15**
Doctors Fields. *Earl S*
—6B **6**
Dodwells Bri. Ind. Est. *Hinc*
—1G **23**
Dodwells Rd. *Hinc* —2F **23**
Donkey La. *Sap* —3G **27**
Donnithorne Av. *Nun*
—2G **29**
Dorcas Clo. *Nun* —3E **31**
Dorchester Rd. *Hinc*
—2H **25**
Dorchester Way. *Nun*
—2C **22**
Dorlecote Ct. *Nun* —2G **29**
Dorlecote Pl. *Nun* —3G **29**
Dorlecote Rd. *Nun* —2G **29**

Dorset Clo. *Nun* —6D **20**
Doudney Clo. *S Stan*
—6H **17**
Dove Clo. *Bed* —1G **33**
(nr. Furnace Rd.)
Dove Clo. *Bed* —1C **32**
(nr. Woodlands La.)
Dove Clo. *Hinc* —1A **24**
Dovecote Clo. *Sap* —2H **27**
Dovecote Way. *Barw*
—1H **15**
Downing Cres. *Bed* —1G **33**
Dowty Av. *Bed* —4B **32**
Drake Way. *Hinc* —3D **14**
Drayton Clo. *Fen D* —1D **10**
Drayton Clo. *Nun* —1G **19**
Drayton Ct. *Nun* —3A **20**
Drayton La. *Fen D* —1B **10**
Drayton Rd. *Bed* —3H **33**
Drayton Way. *Nun* —2A **20**
Drive, The. *Barw* —5H **5**
Druids Pl. *Hinc* —6D **14**
Druid St. *Hinc* —6D **14**
Dryden Clo. *Gall C* —4F **19**
Dudley Ri. *Burb* —3C **24**
Dudley St. *Ath* —6D **2**
Dugdale St. *Nun* —5G **21**
(in two parts)
Duke St. *Nun* —5E **21**
Dunblane Way. *Hinc*
—5A **14**
Duport Rd. *Hinc* —2F **25**
Dyers Rd. *Bram* —5G **31**

Eadie St. *Nun* —5B **20**
Eagle Clo. *Nun* —3D **30**
Eales Yd. *Hinc* —6D **14**
Earl Shilton. —5D 6
Earl Shilton Rd. *Thurl*
—4G **7**
Earls Rd. *Nun* —4E **21**
Earl St. *Bed* —3G **33**
Earl St. *Earl S* —5E **7**
Easedale Clo. *Nun* —3C **22**
East Av. *Bed* —3H **33**
Eastborough Ct. *Attl F*
—1A **30**
Eastboro' Way. *Nun* —1A **30**
East Clo. *Hinc* —2D **24**
Eastfield Rd. *Nun* —3H **21**
East Grn. *Barw* —1G **15**
Eastwoods Rd. *Hinc* —5F **15**
Edale Grn. *Hinc* —3F **25**
Eddie Miller Ct. *Bed* —3F **33**
Edendale Dri. *Hinc* —3E **15**
Edinburgh Rd. *Earl S* —6B **6**
Edinburgh Rd. *Nun* —3A **20**
Edward Rd. *Bed* —2G **33**
Edward St. *Hinc* —5C **14**
Edward St. *Nun* —5F **21**
Edward Tyler Rd. *Exh*
—4E **33**
Edyvean Walker Ct. *Nun*
—4F **21**
Elgar Clo. *Nun* —4C **30**
Elisha Clo. *S Stan* —5H **17**
Elizabeth Rd. *Hinc* —4D **14**
Ellesmere Rd. *Bed* —3E **33**
Ellison Clo. *S Stan* —4H **17**

Elmdale Rd. *Earl S* —1B **16**
Elmesthorpe Est. *Elme*
—2C **16**
Elmesthorpe La. *Earl S*
—1B **16**
Elmfield Rd. *Nun* —2G **21**
Elms, The. *Bed* —3C **32**
Elm Tree Dri. *Hinc* —1F **25**
Elm Tree Rd. *Bulk* —3F **35**
Elm Way. *Harts* —1G **19**
Elwell Av. *Barw* —4H **5**
Elwy Circ. *Ash G* —6A **32**
Embleton Clo. *Hinc* —6B **14**
Ennerdale Cres. *Nun*
—3B **22**
Ensor Clo. *Nun* —4C **22**
Epsom Clo. *Bed* —1F **33**
Equity Rd. E. *Earl S* —5C **6**
Equity Rd. *Earl S* —6C **6**
Erdington Rd. *Ath* —6D **2**
Erica Av. *Bed* —3D **32**
Ernest Richards Rd. *Bed*
—1F **33**
Erskine Clo. *Hinc* —5A **14**
Eskdale Rd. *Hinc* —1A **24**
Etone Ct. *Nun* —4F **21**
Eustace Rd. *Bulk* —4F **35**
Evans Clo. *Bed* —2G **33**
Everard Ct. *Nun* —1A **30**
Exbury Way. *Nun* —3A **30**
Exhall. —6C 32
Exhall Grn. *Exh* —6D **32**
Exhall Mobile Homes. *Ash G*
—6A **32**
Exis Ct. *Attl F* —1A **30**
Exton Clo. *Ash G* —6A **32**

Factory Rd. *Hinc* —6D **14**
Fair Acre Rd. *Barw* —1G **15**
Fairfield. *Exh* —4E **33**
Fair Isle Dri. *Nun* —6D **20**
Fairway. *Nun* —2D **30**
Fairways Ct. *Hinc* —4G **15**
(in two parts)
Fairway, The. *Hinc* —2F **25**
Falcon Clo. *Nun* —3D **30**
Falconers Grn. *Hinc* —3F **25**
Falmouth Clo. *Nun* —4C **22**
Falmouth Dri. *Hinc* —3E **15**
Falstaff Clo. *Nun* —2C **30**
(in two parts)
Faraday Rd. *Hinc* —2G **23**
Far Lash. *Hinc* —2F **25**
Far Lash Extension. *Hinc*
—3F **25**
Farm Rd. *Barw* —5H **5**
Farm Rd. *Hinc* —3E **25**
Farndon Clo. *Bulk* —2D **34**
Farndon Dri. *S Stan* —5G **17**
Farneway. *Hinc* —6B **14**
Farriers Way. *Hinc* —4F **25**
Farriers Way. *Nun* —1B **30**
Faultlands Clo. *Nun* —3B **30**
Featherston Dri. *Hinc*
—2D **24**
Featherstone Clo. *Nun*
—1G **29**
Fenn Lanes. *Dad* —2A **4**
Fenn Lanes. *Fen D* —1E **11**

Fenny Drayton. —1E 11
Ferndale Clo. *Nun* —4A **22**
Ferneley Av. *Hinc* —4A **14**
Ferness Clo. *Hinc* —5B **14**
Ferness Rd. *Hinc* —5B **14**
Field Clo. *Hinc* —4F **15**
Fielding Clo. *Ath* —3D **2**
Fielding Way. *Gall C*
—4G **19**
Field Vw. Clo. *Exh* —5E **33**
Field Way. *Earl S* —5B **6**
Fife St. *Nun* —5E **21**
Fifield Clo. *Nun* —1H **29**
Findon Clo. *Bulk* —2E **35**
Firleigh Dri. *Bulk* —2F **35**
Firs, The. *Bed* —3C **32**
Firswell La. *Barw* —6G **5**
Fir Tree Clo. *Barw* —5H **5**
Fir Tree Gro. *Nun* —2H **29**
Fisher Clo. *S Stan* —5G **17**
Fishers Wlk. *Ath* —6D **2**
Fitton St. *Nun* —6F **21**
Five Foot. *Hinc* —5D **14**
Flamville Rd. *Hinc* —4H **25**
Fleet, The. *S Stan* —3H **17**
Fleming Rd. *Hinc* —2G **23**
Fletcher Rd. *Hinc* —2E **25**
Fletcher Rd. *S Stan* —4H **17**
Flint Clo. *Ath* —3E **3**
Florence Clo. *Ath* —4D **2**
Florence Clo. *Bed* —5D **32**
Flude Rd. *Cov* —6A **32**
Ford St. *Nun* —5C **20**
Forest Rd. *Hinc* —1F **25**
Forest Vw. Rd. *Barw* —6A **6**
Forest Way. *Nun* —1C **28**
Forresters Clo. *Hinc* —3F **25**
Forresters Rd. *Hinc* —3F **25**
Forryan Rd. *Hinc* —2F **25**
Fosse Clo. *Sharn* —5F **27**
Fosse Meadow Nature
Reserve. —6G 27
Four Lanes End. —4B 32
Fourways Rd. *Ath* —5F **3**
Fox Av. *Nun* —1G **21**
Foxhills Clo. *Nun* —2E **31**
Fox Hollies. *Sharn* —5F **27**
Fox's Covert. *Fen D* —1D **10**
Frances Cres. *Bed* —2E **33**
Frank Booton Clo. *Earl S*
—5F **7**
Frankel Pl. *Hinc* —6D **14**
Franklin Ct. *Nun* —2H **29**
Franklin Rd. *Nun* —2H **29**
Frank St. *Nun* —6F **21**
Fraser Clo. *Nun* —3H **19**
Frederick Av. *Hinc* —5A **14**
Freeman Clo. *Nun* —5B **20**
Freemans La. *Hinc* —4G **25**
Freer St. *Nun* —1A **30**
Freesland Ri. *Nun* —3H **19**
Frensham Dri. *Nun* —4H **19**
Freswick Clo. *Hinc* —6H **13**
Frewen Dri. *Sap* —1H **27**
Friar's Ga. *Ath* —5D **2**
Friary Clo. *Hinc* —6E **15**
Friary Rd. *Ath* —4D **2**
Friary St. *Nun* —4F **21**
Frisby Ct. *Attl F* —1A **30**
Frisby Rd. *Barw* —6H **5**

Frith Way—Higham Way

Frith Way. *Hinc* —4A **14**
Frobisher Clo. *Hinc* —3D **14**
Frolesworth Rd. *Sharn*
　　　　　—4H **27**
Furnace Rd. *Bed* —1H **33**

Gadsby Ct. *Nun* —6A **22**
Gadsby St. *Nun* —6H **21**
Gainsborough Av. *Hinc*
　　　　　—4A **14**
Gainsborough Dri. *Bed*
　　　　　—1E **33**
Gallagher Rd. *Bed* —3E **33**
Galley Common. —4E 19
Galloway Clo. *Barw* —1F **15**
Gamecock Barracks. *Bram*
　　　　　—6H **31**
Garden Clo. *Burb* —3C **24**
Garden Gro. *Bed* —5D **32**
Garden Rd. *Hinc* —6D **14**
Garnette Clo. *Nun* —4H **19**
Garrett St. *Nun* —1A **30**
Gartree Cres. *Earl S* —5B **6**
Gatehouse La. *Bed* —3E **33**
George Eliot Av. *Bed*
　　　　　—3H **33**
George Eliot Bldgs. *Nun*
　　　　　—5G **21**
George Eliot St. *Nun*
　　　　　—1G **29**
George Foster Clo. *Earl S*
　　　　　—4E **7**
George Fox La. *Fen D*
　　　　　—1E **11**
George Geary Clo. *Barw*
　　　　　—6A **6**
George Hill Clo. *S Stan*
　　　　　—4H **11**
George Marriott Clo. *S Stan*
　　　　　—6G **17**
George St. *Attl* —1A **30**
George St. *Barw* —1H **15**
George St. *Bed* —2F **33**
George St. *Hinc* —1D **24**
George St. Ringway. *Bed*
　　　　　—2F **33**
George Ward Clo. *Barw*
　　　　　—6H **5**
Gibson Cres. *Bed* —4E **33**
Gilfil Rd. *Nun* —2F **29**
Gillett Clo. *Nun* —6F **21**
Gipsy La. *Nun* —5G **29**
Girtin Clo. *Bed* —1E **33**
Gladstone Clo. *Hinc*
　　　　　—4E **15**
Gladstone Ter. *Hinc* —1E **25**
Glebe Av. *Bed* —4C **32**
Glebe La. *Nun* —3B **22**
　(in two parts)
Glebe Rd. *Hinc* —1F **25**
Glebe Rd. *Nun* —5H **21**
Glen Bank. *Hinc* —6E **15**
Glenbarr Clo. *Hinc* —1A **24**
Glenbarr Dri. *Hinc* —1A **24**
Glendon Gdns. *Bulk*
　　　　　—2E **35**
Gleneagles Clo. *Nun*
　　　　　—2E **31**
Glenfield Av. *Nun* —2G **21**

Glenwood Gdns. *Bed*
　　　　　—1E **33**
Gloucester Clo. *Nun* —2C **22**
Glovers Clo. *Ath* —6F **3**
Glyn Clo. *Barw* —6G **5**
Gold Clo. *Nun* —3A **30**
Golf Dri. *Nun* —3C **30**
Goodyers End. —5A 32
Goodyers End La. *Bed*
　　　　　—5A **32**
Goosehills Rd. *Hinc* —4E **25**
Goose La. *Barw* —2G **15**
Gopsall Rd. *Hinc* —5D **14**
Gordon Clo. *Bed* —1F **33**
Gorse Farm Rd. *Nun*
　　　　　—3D **30**
Gorsy Way. *Nun* —4B **20**
Gosford Dri. *Hinc* —6A **14**
Gowrie Clo. *Hinc* —5B **14**
Grace Rd. *Sap* —1H **27**
Graham St. *Nun* —4G **21**
Gramer Ct. *Man* —1F **9**
Granby Clo. *Hinc* —2C **24**
Granby Rd. *Hinc* —2C **24**
Granby Rd. *Nun* —6D **20**
Grand Depot Rd. *Bram*
　　　　　—5H **31**
Grange Clo. *Nun* —2A **20**
Grange Dri. *Burb* —4E **25**
Grange Rd. *Harts* —5H **9**
Grange, The. *Earl S* —6C **6**
Grant Rd. *Exh* —5E **33**
Granville Gdns. *Hinc*
　　　　　—1C **24**
Granville Rd. *Hinc* —1C **24**
Grasmere Cres. *Nun*
　　　　　—2B **22**
Grasmere Rd. *Bed* —3F **33**
Grassington Dri. *Nun*
　　　　　—1C **30**
Greencroft. *S Stan* —6H **17**
Greendale Clo. *Ath* —6E **3**
Greendale Rd. *Ath* —6E **3**
Greenhill Dri. *Barw* —6H **5**
Greenhill Rd. *Stoke G*
　　　　　—2F **13**
Green La. *Earl S* —4D **6**
Green La. *Gren* —2A **2**
Green La. *Nun* —3A **20**
Green La. *Stap* —3E **5**
Greenmoor Rd. *Hinc*
　　　　　—4D **24**
Greenmoor Rd. *Nun* —5E **21**
Greenside Clo. *Nun* —2E **31**
Greens Yd. *Bed* —2F **33**
Green, The. *Ath* —1G **9**
Green, The. *Attl* —1A **30**
Green, The. *Dad* —1G **13**
Green, The. *Harts* —5H **9**
Green, The. *Sharn* —5G **27**
Greenway. *Nun* —3D **30**
Greenwood Ct. *Attl F*
　　　　　—6B **22**
Greenwood Dri. *Stoke G*
　　　　　—2G **13**
Gresham Rd. *Berm I*
　　　　　—3F **29**
Griff. —5F 29
Griff Clara Ind. Est. *Griff*
　　　　　—4E **29**

Griff Hollow. —3G 29
Griff La. *Griff* —5D **28**
Grosvenor Cres. *Hinc*
　　　　　—3G **25**
Grove Fields. *Nun* —1G **21**
Grove Pk. *Hinc* —3G **25**
Grove Pl. *Nun* —6B **20**
Grove Rd. *Ath* —6D **2**
Grove Rd. *Hinc* —4F **25**
Grove Rd. *Nun* —6B **20**
Grove, The. *Bed* —2F **33**
Grove, The. *Hinc* —1C **24**
Gwendoline Av. *Hinc*
　　　　　—5A **14**
Gypsy La. *Ath* —3D **2**
(in two parts)

Halberd Clo. *Burb* —5D **24**
Hall Dri. *Stoke G* —2G **13**
Hall End. *Nun* —1H **29**
Hall End Pl. *Nun* —1H **29**
Hall La. *With* —5H **3**
Hall Rd. *Hinc* —3D **24**
Halls Ct. *S Stan* —5H **17**
Halls Cres. *Sharn* —4G **27**
Hamilton Clo. *Bed* —4A **32**
Hamilton Clo. *Hinc* —5A **14**
Hamilton Clo. *Nun* —5B **20**
Hamilton Ct. *Nun* —5B **20**
Hamlet Clo. *Nun* —2C **30**
Hammersley St. *Bed*
　　　　　—4C **32**
Hammond Bus. Pk. *Attl F*
　　　　　—6A **22**
Hammond Clo. *Attl F*
　　　　　—6A **22**
Hampton Av. *Nun* —5H **19**
Hanbury Rd. *Bed* —1G **33**
Hangmans La. *Hinc* —4D **14**
Hanover Ct. *Hinc* —3E **25**
Hanover Glebe. *Nun*
　　　　　—1G **29**
Hansom Rd. *Hinc* —5F **15**
Hanson Ct. *Hinc* —1D **24**
Harcourt Gdns. *Nun*
　　　　　—6G **21**
Hardy Clo. *Gall C* —5G **19**
Hardy Clo. *Hinc* —3D **14**
Hare & Hounds La. *Nun*
　　　　　—1E **29**
Harecroft Cres. *Sap* —1H **27**
Harefield La. *Arb* —3C **28**
Harefield Rd. *Nun* —5G **21**
Harold St. *Nun* —6G **21**
Harper's La. *Ath* —1G **9**
Harrison Clo. *Earl S* —5D **6**
Harrison Cres. *Bed* —3E **33**
Harrowbrook Ind. Est. *Hinc*
　　　　　—2G **23**
Harrowbrook Rd. *Hinc*
　　　　　—2G **23**
Hartington Grn. *Hinc*
　　　　　—4E **25**
Hartshill. —1H 19
Hartshill Hayes Country Pk.
　　Vis. Cen. —6F **9**
Harwood Dri. *Hinc* —3F **15**
Hastings Dri. *Barw* —6H **5**
Hathaway Dri. *Nun* —2C **30**

Hatters Dri. *Ath* —3D **2**
Haunchwood Pk. Dri. *Gall C*
　　　　　—5E **19**
Haunchwood Pk. Ind. Est.
　　　　　Gall C —5E **19**
Haunchwood Rd. *Nun*
　　　　　—5B **20**
Hawk Clo. *Nun* —3D **30**
Hawkins Clo. *Hinc* —3D **14**
Hawley Rd. *Hinc* —2C **24**
Hawthorn Cres. *Burb*
　　　　　—4E **25**
Hawthorne Ter. *Nun* —4C **20**
Hawthorne Way. *Barw*
　　　　　—1H **15**
Hawthorn Way. *Harts*
　　　　　—1G **19**
Hayes Green. —5E 33
Hayes Grn. Rd. *Bed* —4D **32**
Hayes La. *Exh* —5D **32**
Hayes Rd. *Nun* —1G **19**
Hayle Clo. *Nun* —4C **22**
Hays La. *Hinc* —2B **24**
Hazel Clo. *Harts* —1G **19**
Hazel Gro. *Bed* —2H **33**
Hazell Way. *Nun* —2E **29**
Hazel Rd. *Nun* —4B **20**
Hazel Way. *Barw* —6G **5**
Heart of England Way. *Nun*
　　　　　—6B **22**
Heath Av. *Bed* —4C **32**
Heath Ct. *Earl S* —6B **6**
Heath End. —1D 28
Heath End Rd. *Nun* —1C **28**
Heather Clo. *Nun* —6D **20**
Heather Ct. *Ath* —4D **2**
Heather Dri. *Bed* —3C **32**
Heath La. *Earl S* —5H **5**
Heath La. S. *Earl S* —5B **6**
Heath Rd. *Nun* —4D **32**
Hebden Way. *Nun* —1C **30**
Heckley Rd. *Exh* —6E **33**
Hedgerows, The. *Nun*
　　　　　—3D **20**
Helena Clo. *Nun* —6D **20**
Helston Clo. *Nun* —4C **22**
Hemdale. *Nun* —5C **22**
Hemdale Bus. Pk. *Nun*
　　　　　—5C **22**
Hemsworth Dri. *Bulk*
　　　　　—3D **34**
Henley Clo. *Nun* —1B **22**
Henry St. *Hinc* —5A **14**
Henry St. *Nun* —1G **29**
Henson Rd. *Bed* —4C **32**
Henson Way. *Sharn* —4F **27**
Herald Way. *Burb* —4D **24**
Herbert St. *Nun* —6C **20**
Hereford Clo. *Barw* —1F **15**
Hereford Clo. *Nun* —5C **20**
Hereford Rd. *Bram* —5H **31**
Herford Way. *Hinc* —3F **25**
Hickman Rd. *Gall C* —5E **19**
Hidcote Clo. *Nun* —3B **30**
Higham La. *Hinc* —4G **13**
Higham La. *Nun* —4A **22**
Higham La. *Stoke G* —3E **13**
Higham on the Hill.
　　　　　—4C 12
Higham Way. *Burb* —2E **25**

Higham Way Ho.—Lancaster Rd.

Higham Way Ho. *Burb* —2E **25**
High Ash Clo. *Exh* —6D **32**
Highbury Grn. *Nun* —2A **20**
Highfield Ct. *Earl S* —6C **6**
Highfield Rd. *Nun* —1H **29**
Highfields Farm Enterprise Cen. *S Stan* —3H **17**
Highfields Rd. *Hinc* —6E **15**
Highfields St. *S Stan* —4H **17**
Highfield St. *Earl S* —6B **6**
High Lees. *Sharn* —5F **27**
High St. *Barw* —2G **15**
High St. *Bed* —3F **33**
High St. *Earl S* —5D **6**
High St. *Nun* —5F **21**
High St. *Stoke G* —2F **13**
High Tor E. *Earl S* —4C **6**
High Tor W. *Earl S* —4C **6**
High Vw. Dri. *Ash G* —6A **32**
Hilary Bevins Clo. *High H* —3B **12**
Hilary Rd. *Nun* —4D **20**
Hillcrest Rd. *Nun* —3B **20**
Hill Farm Av. *Nun* —2D **30**
Hilliard Clo. *Bed* —1E **33**
Hillrise. *Hinc* —1F **25**
Hillside. *Harts* —1G **19**
Hillside Dri. *Nun* —2A **20**
Hillside Rd. *Hinc* —3D **24**
Hill St. *Barw* —1H **15**
Hill St. *Bed* —6F **29**
Hill St. *Hinc* —1D **24**
Hill St. *Nun* —5B **20**
Hill Top. *Earl S* —4D **6**
Hilton Av. *Nun* —3H **19**
Himley Rd. *Bed* —3B **32**
Hinckley. —1D 24
Hinckley Bus. Pk. *Hinc* —1G **23**
Hinckley Fields Ind. Est. *Hinc* —4C **14**
Hinckley La. *High H* —4D **12**
Hinckley Rd. *Aston F* —2A **26**
Hinckley Rd. *Barw* —1E **15**
Hinckley Rd. *Burb* —2G **25**
Hinckley Rd. *Burt H & Hinc* —3H **31**
Hinckley Rd. *Dad* —1H **13**
Hinckley Rd. *Earl S* —6A **6**
Hinckley Rd. *Nun* —4H **21**
Hinckley Rd. *Sap* —1A **26**
Hinckley Rd. *Stap* —4F **5**
Hinckley Rd. *Stoke G* —2F **13**
Hinckley Rd. *S Stan* —6G **17**
Hinckley Tourist Info. Cen. —1D **24**
Hoarestone Av. *Nun* —4C **30**
Hogarth Clo. *Bed* —1E **33**
Hogarth Clo. *Hinc* —4A **14**
Hogarth Dri. *Hinc* —4A **14**
Holbein Clo. *Bed* —1E **33**
Hollands Bldgs. *Ath* —5E **3**
Hollier's Wlk. *Hinc* —6D **14**

Hollinwell Clo. *Nun* —3E **31**
Hollows, The. *Nun* —2B **30**
Hollow, The. *Earl S* —5C **6**
Hollybush Ho. *Nun* —5G **21**
Holly Clo. *Burb* —4E **25**
Hollycroft. —6B 14
Hollycroft. *Hinc* —5B **14**
Hollycroft Cres. *Hinc* —6C **14**
Hollydene Cres. *Earl S* —6B **6**
Hollyhurst. *Bed* —4D **32**
Holly La. *Ath* —4B **2**
Holly La. *Barw* —6H **5**
Holly La. Ind. Est. *Hol I* —4C **2**
Holly Stitches Rd. *Nun* —3C **20**
Holly Wlk. *Nun* —1B **30**
Holman Way. *Nun* —6H **21**
Holman Way Ind. Est. *Nun* —6H **21**
Holsworthy Clo. *Nun* —4A **22**
Holte Rd. *Ath* —4D **2**
Holt Rd. *Hinc* —2E **25**
Holyoak Clo. *Bed* —4D **32**
Holyoak Dri. *Sharn* —4F **27**
Holyrood Ct. *Nun* —4C **20**
Home Farm Clo. *With* —5H **3**
Home Pk. Rd. *Nun* —6G **21**
Hood La. *Ansl* —5A **18**
Horeston Grange. —4B 22
Horeston Grange Shop. Cen. *Nun* —4C **22**
Horobins Yd. *Bed* —6F **29**
Horsefair, The. *Hinc* —1D **24**
Horsepool. *Hinc* —4G **25**
Hosiery St. *Bed* —3G **33**
Hospital La. *Bed* —3A **32**
Howard Clo. *Barw* —6G **5**
Howard Rd. *Nun* —6E **21**
Howe Clo. *Hinc* —3D **14**
Howe Clo. *S Stan* —6G **17**
Howells Clo. *Bed* —4B **32**
Hoylake Clo. *Nun* —2D **30**
Humphrey-Davy Rd. *Bed* —5B **32**
Huncote Rd. *S Stan* —4H **17**
Hunters La. *Fen D* —1E **11**
Hunters Wlk. *With* —6H **3**
Huntingdon Way. *Nun* —6C **20**
Hunt La. *With* —6H **3**
Hurst Rd. *Bed* —2F **33**
Hurst Rd. *Earl S* —6C **6**
Hurst Rd. *Hinc* —1D **24**
Hyacinth Way. *Hinc* —4D **24**
Hydes La. *Hinc* —5G **23**

Ilford Clo. *Bed* —2E **33**
Ilminster Clo. *Hinc* —2H **25**
Inchford Clo. *Nun* —2B **30**
Ingleton Clo. *Nun* —1C **30**
Innage Pk. *Hol I* —4C **2**
Innage Ter. *Ath* —5D **2**
Iris Clo. *Hinc* —4E **25**
Island Clo. *Hinc* —5E **15**

Ivanhoe Av. *Nun* —2A **30**
Ivor Rd. *Ath* —6F **3**
Ivy Clo. *Stoke G* —2F **13**
Ivydene Clo. *Earl S* —5D **6**
Ivy Gro. *Nun* —3B **20**

Jacknell Clo. *Hinc* —1F **23**
Jacknell Ind. Pk. *Hinc* —1F **23**
Jacknell Rd. *Hinc* —1F **23**
Jackwood Grn. *Bed* —5A **32**
James Diskin Ct. *Nun* —1A **30**
James St. *Earl S* —6C **6**
James St. *Nun* —4E **21**
James St. *S Stan* —4H **17**
Jarvis Clo. *Hinc* —3D **14**
Jaydon Ind. Est. *Earl S* —5C **6**
Jeffrey Clo. *Bed* —5B **32**
Jeffries Clo. *Hinc* —5E **15**
Jellicoe Way. *Hinc* —3D **14**
Jersey Way. *Barw* —1G **15**
Jodrell St. *Nun* —3F **21**
John Bold Av. *S Stan* —4H **17**
John Knight Rd. *Bed* —1F **33**
John Nichols St. *Hinc* —2B **24**
John's Clo. *Hinc* —4D **24**
Johnson Ri. *S Stan* —6H **17**
Johnson Rd. *Bed* —2G **33**
John St. *Bed* —3E **33**
John St. *Cot* —1G **29**
John St. *Hinc* —6E **15**
John St. *Stock* —6C **20**
Jon Baker Ct. *Hinc* —1E **25**
Jones Rd. *Exh* —4E **33**
Joseph Luckman Rd. *Bed* —1E **33**
Jubilee Ter. *Bed* —1F **33**
Judd Clo. *Bed* —2D **32**
Juliet Clo. *Nun* —2C **30**
Juniper Clo. *Bed* —3C **32**

Karen Clo. *Nun* —2C **20**
Kathleen Av. *Bed* —4C **32**
Katrine Clo. *Nun* —4A **20**
Keats Clo. *Earl S* —4D **6**
Keats Clo. *Gall C* —4G **19**
Keats La. *Earl S* —4C **6**
Keenan Dri. *Bed* —4B **32**
Keepers Wlk. *Bed* —4B **32**
Kelsey Clo. *Attl F* —6A **22**
Kem St. *Nun* —1H **29**
Kendal Clo. *Nun* —3C **22**
Kenilworth Dri. *Nun* —6E **21**
Kenmore Dri. *Hinc* —5B **14**
Kennel La. *With* —1H **9**
Kensington Ct. *Nun* —3A **20**
Kent Dri. *Hinc* —3E **15**
Kenwyn Grn. *Exh* —5F **33**
Kerry Clo. *Barw* —6F **5**
Kestrel Clo. *Burb* —3F **25**
Keswick Clo. *Nun* —3C **22**
Kielder Dri. *Nun* —1C **28**
Kilberry Clo. *Hinc* —6A **14**

Kilby Grn. *Hinc* —3F **25**
Kilmarie Clo. *Hinc* —6A **14**
Kiln Clo. *Nun* —6C **20**
Kiln Way. *Shil* —6G **35**
Kimberley Rd. *Bed* —1G **33**
King Edward Rd. *Nun* —5H **21**
Kingfisher Av. *Nun* —4A **20**
King George's Av. *Bed* —6F **29**
King George's Way. *Nun* —2B **24**
King Richard Rd. *Hinc* —5C **14**
King Richards Hill. *Earl S* —4F **7**
Kings Av. *Ath* —5E **3**
Kingsbridge Rd. *Nun* —3H **21**
Kingsfield Rd. *Barw* —6H **5**
Kings Gdns. *Bed* —3G **33**
Kingsley Cres. *Bulk* —2D **34**
King's Row. *Earl S* —5C **6**
Kingston Dri. *Hinc* —3E **15**
King St. *Barw* —1H **15**
King St. *Bed* —3F **33**
(in two parts)
King St. *Hinc* —6D **14**
King's Wlk. *Earl S* —5C **6**
King's Wall. *Earl S* —5C **6**
Kingsway. *Nun* —5F **21**
Kingswood Ct. *Nun* —5H **19**
Kingswood Rd. *Nun* —5G **19**
Kinross Clo. *Nun* —1D **28**
Kinross Way. *Hinc* —6H **13**
Kintyre Clo. *Hinc* —6B **14**
Kipling Clo. *Gall C* —4G **19**
Kirby Clo. *Sap* —1H **27**
Kirfield Dri. *Hinc* —4F **15**
Kirkby Rd. *Barw* —1G **15**
Kirkstone Rd. *Bed* —3E **33**
Kirkstone Wlk. *Nun* —3C **22**
Klevedon Clo. *Nun* —2C **30**
Knapton Clo. *Hinc* —4A **14**
Knebley Cres. *Nun* —2G **29**
Knightsbridge Av. *Bed* —6G **29**
Knights Clo. *Burb* —5D **24**
Knights Clo. *S Stan* —4H **17**
Knights Ct. *Hinc* —1G **23**
Knights Link. *Earl S* —4F **7**
Knowles Av. *Nun* —5A **20**
Knox Cres. *Nun* —1B **22**

Laburnum Clo. *Bed* —3C **32**
Laburnum Dri. *Earl S* —6B **6**
Laburnum Gro. *Nun* —3B **20**
Lady Warwick Av. *Bed* —3G **33**
Laggan Clo. *Nun* —4A **20**
Lakeside. *Bed* —3E **33**
Lamford Clo. *Hinc* —6B **14**
Lamorna Clo. *Nun* —5B **22**
Lancaster Clo. *Ath* —4E **3**
Lancaster Rd. *Hinc* —1D **24**

Lance Clo.—Middlefield

Lance Clo. *Hinc* —4D **24**
Lancing Rd. *Bulk* —2E **35**
Landseer Dri. *Hinc* —4B **14**
Land Society La. *Earl S*
—5C **6**
Lanes Hill Gro. *S Stan*
—6H **17**
Laneside Dri. *Hinc* —4F **15**
Langdale Dri. *Nun* —3C **22**
Langdale Rd. *Hinc* —1A **24**
Lansdowne Clo. *Bed*
—2E **33**
Larches, The. *Exh* —5E **33**
Larchwood Rd. *Exh* —5F **33**
Larkin Clo. *Bulk* —2D **34**
Larkspur Ct. *Bed* —5A **32**
Lash Hill. —1F 25
Lash Hill Path. *Hinc* —1E **25**
Launceston Dri. *Nun*
—5B **22**
Laurel Dri. *Harts* —1G **19**
Laurels, The. *Bed* —3C **32**
Lavenham Clo. *Nun* —3E **31**
Lawns, The. *Bed* —3B **32**
Lawns, The. *Hinc* —1E **25**
Lawns Wood. *Nun* —1A **24**
Lawrence Rd. *Exh* —5E **33**
Lawton Clo. *Hinc* —1H **23**
Laxford Clo. *Hinc* —6H **13**
Leam Clo. *Nun* —2B **30**
Leas Clo. *Bed* —2E **33**
Leather Mill La. *Harts*
—4A **10**
Leaward Clo. *Nun* —1C **28**
Lee Clo. *S Stan* —4H **17**
Leecrofts, The. *Earl S*
—5D **6**
Leicester Ct. *Bulk* —3E **35**
Leicester Cres. *Ath* —4E **3**
Leicester Rd. *Bed* —1F **33**
Leicester Rd. *Earl S* —4D **6**
Leicester Rd. *Hinc* —6E **15**
Leicester Rd. *Nun* —4H **21**
Leicester Rd. *Sap* —2H **27**
Leicester Rd. *Sharn* —5F **27**
Leicester Rd. *Shil* —6H **35**
Leicester St. *Bed* —2F **33**
Leicester St. *Bulk* —3E **35**
Leighton Cres. *Elme*
—2D **16**
Leonard Perkins Ho. *Bulk*
(off Elm Tree Rd.) —3F **35**
Leven Clo. *Hinc* —6B **14**
Lewis Ct. *Ath* —1F **9**
Lexington Ct. *Nun* —4F **21**
Leyburn Clo. *Nun* —1C **30**
Leyland Rd. *Bulk* —3D **34**
Leyland Rd. *Nun* —2A **30**
Leysmill Clo. *Hinc* —6H **13**
Liberty Way. *Attl F* —6B **22**
Library Clo. *Burb* —4G **25**
Lichfield Clo. *Nun* —2C **22**
Lilac Clo. *Hinc* —3E **25**
Lilac Rd. *Bed* —6H **29**
Lime Gro. *Earl S* —6C **6**
Lime Gro. *Nun* —4C **20**
Limes Coppice. *Nun* —2E **19**
Limes, The. *Bed* —3C **32**
Lincoln Av. *Nun* —2H **19**
Lincoln Rd. *Barw* —1G **15**

Linden Lea. *Bed* —2F **33**
Linden Rd. *Hinc* —6C **14**
Lindley Rd. *Bed* —3B **32**
Lingwood Dri. *Nun* —6D **20**
Linwood Clo. *Hinc* —5B **14**
Liskeard Clo. *Nun* —4C **22**
Lismore Dri. *Hinc* —6B **14**
Lister Rd. *Ath* —4D **2**
Lister St. *Nun* —6H **21**
Little Bedworth Heath.
—5D **32**
Lit. Duke St. *Nun* —5F **21**
Livesey Ct. *Sap* —2G **27**
Livesey Dri. *Sap* —2G **27**
Lloyd Clo. *Nun* —1H **29**
Lobelia Clo. *Hinc* —4E **25**
Lochmore Clo. *Hinc*
—1A **24**
Lochmore Dri. *Hinc*
—1A **24**
Lochmore Way. *Hinc*
—1A **24**
Lodge Clo. *Ath* —1G **9**
Lodge Clo. *Hinc* —4G **25**
Lomond Clo. *Hinc* —1B **24**
Lomond Way. *Nun* —4A **20**
London Rd. *Hinc* —1E **25**
Longford Rd. *Exh* —6E **33**
Long Shoot, The. *Nun*
—4C **22**
Long St. *Ath* —5D **2**
Long St. *Bulk* —3F **35**
Long St. *S Stan* —4H **17**
Lossiemouth Rd. *Hinc*
—6H **13**
Loudon Ga. *Nun* —2B **30**
Lound Rd. *Sap* —1H **27**
Loveday Clo. *Ath* —3D **2**
Lovelace Cres. *Elme*
—2D **16**
Love La. *Hinc* —3G **25**
Lovell Clo. *Exh* —5E **33**
Lovell Rd. *Bed* —2E **33**
Lovetts Clo. *Hinc* —1H **23**
Lwr. Bond St. *Hinc* —6D **14**
Loweswater Clo. *Nun*
—3C **22**
Lowry Clo. *Bed* —1E **33**
Lucas Rd. *Hinc* —3D **24**
Lucas Way. *Earl S* —6C **6**
Ludford Clo. *Ansl* —5B **18**
Ludford Rd. *Nun* —3A **20**
Lundy Clo. *Hinc* —6B **14**
Lupin Clo. *Burb* —3D **24**
Lutterworth Rd. *Bram &*
Wlvy —5H **31**
Lutterworth Rd. *Burb &*
Hinc —4G **25**
Lutterworth Rd. *Nun*
—1A **30**
Lutterworth Rd. Trad. Est.
Burb —4G **25**
Lychgate Clo. *Burb* —4G **25**
Lychgate La. *Hinc* —4G **25**
Lydgate Ct. *Bed* —1E **33**
Lydgate Ct. *Nun* —6G **21**
Lynch, The. *Nun* —1H **29**
Lyndene Clo. *Earl S* —6D **6**
Lyndhurst Clo. *Burb*
—3G **25**

Lyneham Clo. *Hinc* —6A **14**
Lynmouth Clo. *Nun* —4A **22**

Magee Clo. *Hinc* —5C **14**
Magyar Cres. *Nun* —3B **30**
Main Rd. *Rat C* —1G **3**
Main St. *Dad* —1G **13**
Main St. *High H* —4B **12**
Main St. *Stap* —4F **5**
Main St. *Stoke G* —2F **13**
Maizefield. *Hinc* —4C **14**
Malham Clo. *Nun* —1C **30**
Mallard Av. *Nun* —4A **20**
Mallerin Cft. *Nun* —4H **19**
Mallory St. *Earl S* —5A **6**
Malthouse Clo. *Ansl* —5B **18**
Maltings, The. *Nun* —4A **22**
Malt Mill Bank. *Barw*
—1G **15**
Malvern Av. *Nun* —6H **19**
Mancetter. —1G 9
Mancetter Rd. *Ath* —6F **3**
Mancetter Rd. *Nun* —2B **20**
Mnr. Brook Clo. *S Stan*
—4H **17**
Manor Clo. *Hinc* —4C **24**
Manor Ct. Av. *Nun* —4F **21**
Manor Ct. Rd. *Nun* —5E **21**
Manor Cres. *Stap* —3E **5**
Manor Ho. Clo. *Aston F*
—3C **26**
Manor Pk. Rd. *Nun* —4E **21**
Manor Pl. *Hinc* —6D **14**
Manor Rd. *Ath* —6E **3**
Manor Rd. *Sap* —1H **27**
Manor Rd. Ind. Est. *Ath*
—6E **3**
Manor St. *Hinc* —6C **14**
Manor Way. *Burb* —4D **24**
Manse Clo. *Exh* —4E **33**
Mansion St. *Hinc* —6D **14**
Maple Av. *Exh* —4F **33**
Maple Clo. *Burb* —4E **25**
Maple Rd. *Nun* —4C **20**
Maples, The. *Bed* —3C **32**
Maple Way. *Earl S* —1B **16**
Marchant Rd. *Hinc* —1C **24**
Marchfont Clo. *Nun* —5C **22**
(nr. Eastboro' Way)
Marchfont Clo. *Nun* —1C **30**
(nr. Rainsbrook Dri.)
Margaret Av. *Bed* —2E **33**
Margaret Rd. *Ath* —6E **3**
Marie Clo. *Ath* —6G **3**
Marigold Dri. *Hinc* —4E **25**
Market End. —3B 32
Mkt. End Clo. *Bed* —4B **32**
Market Pl. Ath —5D **2**
(off Market St.)
Market Pl. *Hinc* —1D **24**
Market Pl. *Nun* —5G **21**
Market St. *Ath* —5D **2**
Marlborough Clo. *Hinc*
—2H **25**
Marlborough Rd. *Nun*
—5F **21**
Marlowe Clo. *Gall C* —4F **19**
Marner Rd. *Bed* —2E **33**
Marner Rd. *Nun* —2F **29**

Marriott Rd. *Bed* —3B **32**
Marsdale Dri. *Nun* —6C **20**
Marshall Rd. *Exh* —5D **32**
Marston Clo. *S Stan*
—3H **17**
Marston Jabbett. —6B 30
Marston La. *Bed* —1F **33**
Marston La. *Nun* —1A **30**
Martin Clo. *S Stan* —6H **17**
Martindale Rd. *Exh* —5G **33**
Martins Dri. *Ath* —3D **2**
Martins Rd. *Bed* —4C **32**
Maryland Clo. *Barw* —1F **15**
Mary St. *Earl S* —5D **6**
Marywell Clo. *Hinc* —6H **13**
Masefield Clo. *Barw* —5A **6**
Mason Ct. *Hinc* —1B **24**
Maughan St. *Earl S* —4D **6**
Mavor Dri. *Bed* —4B **32**
Mawnan Clo. *Exh* —5F **33**
Mayfair Dri. *Nun* —5F **19**
Mayfield. *Bed* —2F **33**
Mayfield Clo. *Bed* —2F **33**
Mayfield Rd. *Nun* —1A **30**
Mayfield Way. *Barw* —6A **6**
Maynard Av. *Bed* —5B **32**
Mays Farm Dri. *S Stan*
—3H **17**
McMahon Rd. *Bed* —5C **32**
Meadow Clo. *S Stan*
—4H **17**
Meadow Ct. *Nun* —4F **21**
Mdw. Court Rd. *Earl S*
—6D **6**
Meadow Dri. *Hinc* —2G **25**
Meadow Rd. *Nun* —6A **6**
Meadow Rd. *Nun* —1G **19**
Meadowside. *Nun* —2D **30**
Meadows, The. *Hinc*
—3G **25**
Meadow St. *Ath* —6D **2**
Meadow St. *Nun* —4F **21**
Meadway, The. *Hinc* —2F **25**
Melbourne Clo. *Nun* —3A **30**
Melbourne Ct. *Bed* —3E **33**
Meldrum Rd. *Nun* —6B **20**
Melfort Clo. *Nun* —4A **20**
Melrose Av. *Bed* —5B **32**
Melrose Clo. *Hinc* —1B **24**
Melton St. *Earl S* —5C **6**
Melville Clo. *Exh* —5E **33**
Mendip Dri. *Nun* —6H **19**
Merevale Av. *Hinc* —2C **24**
Merevale Av. *Nun* —5E **21**
Merevale Clo. *Hinc* —2C **24**
Merevale La. *Ath* —5A **2**
Merevale Rd. *Ath* —4C **2**
Merevale Vw. *Ath* —6C **2**
Merlin Av. *Nun* —3H **19**
Merrick Ct. *Burb* —4F **25**
Merrifield Gdns. *Burb*
—4E **25**
Mersey Rd. *Bulk* —3C **34**
Metcalf Clo. *S Stan* —5H **17**
Metcalfe St. *Earl S* —6C **6**
Mews, The. *Ath* —5E **3**
Mews, The. *Bed* —3F **33**
Middleburg Clo. *Nun*
—2C **30**
Middlefield. —4C 14

A-Z Nuneaton 43

Middlefield Clo.—Park St.

Middlefield Clo. *Hinc*
—5D **14**
Middlefield Ct. *Hinc* —5D **14**
Middlefield La. *Hinc* —4D **14**
Middlefield Pl. *Hinc* —4D **14**
Middlemarch Rd. *Nun*
—2F **29**
Middleton Clo. *S Stan*
—5H **17**
Midland Rd. *Nun* —4E **21**
Milby Ct. *Nun* —1G **29**
Milby Dri. *Nun* —1B **22**
Mile Tree La. *Cov* —6A **34**
Milford St. *Nun* —1F **29**
Millais Clo. *Bed* —1E **33**
Millais Rd. *Hinc* —4A **14**
Mill Clo. *Nun* —2B **30**
Mill Clo. *Sap* —1H **27**
Millers Grn. *Hinc* —3F **25**
Mill Farm Cvn. Pk. *Bulk*
—5D **30**
Mill Gdns. *Nun* —1F **29**
Mill Hill Rd. *Hinc* —6C **14**
Milliners Ct. *Ath* —5D **2**
Mill La. *Ath* —1G **9**
Mill La. *Bulk* —2C **34**
Mill La. *Burt H* —3H **31**
Mill La. *Earl S* —4E **7**
Mill La. *Sharn* —4G **27**
Mill La. *With* —5G **3**
Mill Race Vw. *Ath* —3D **2**
Mill St. *Barw* —2F **15**
Mill St. *Bed* —2F **33**
Mill St. *Nun* —5G **21**
Mill St. Ind. Est. *Barw*
—1G **15**
Mill Ter. *Bed* —6F **29**
Mill Vw. *Hinc* —6E **15**
Mill Vw. *Stap* —3F **5**
Mill Wlk. *Nun* —5G **21**
Milner Clo. *Bulk* —3F **35**
Milton Clo. *Bed* —4H **33**
Milton Clo. *Hinc* —6C **14**
Minions Clo. *Ath* —5D **2**
Mira Dri. *Lind* —3F **11**
 (in three parts)
Mistral Clo. *Hinc* —1F **25**
Mitchell Rd. *Bed* —3G **33**
Moat Farm Dri. *Bed* —5A **32**
Moat Gdns. *Sap* —2H **27**
Moat Way. *Barw* —1F **15**
Mona St. *Earl S* —6C **6**
Monmouth Gdns. *Nun*
—6C **20**
Montana Wlk. *Nun* —6C **20**
Montgomery Rd. *Earl S*
 (in two parts) —5E **7**
Montrose Dri. *Nun* —6D **20**
Moorbrooke. *Harts* —2G **19**
Moorcroft Clo. *Nun* —2D **30**
Moore Rd. *Barw & Earl S*
—5H **5**
Moorpark Clo. *Nun* —3E **31**
Moor Rd. *Nun* —1G **19**
Moorwood Cres. *Harts*
—1G **19**
Moorwood La. *Nun* —1G **19**
Moray Clo. *Hinc* —1A **24**
Morland Clo. *Bulk* —3F **35**
Morland Dri. *Hinc* —4B **14**

Morley Rd. *Sap* —2H **27**
Morris Dri. *Nun* —2H **29**
Mortiboys Way. *S Stan*
—5H **17**
Mossdale Cres. *Nun*
—1D **28**
Mount Av. *Barw* —6A **6**
Mount Dri. *Bed* —2E **33**
Mountfield Rd. *Earl S*
—5C **6**
Mount Pleasant. —2E 33
Mt. Pleasant Rd. *Bed*
—2E **33**
Mt. Pleasant Ter. *Nun*
—3D **20**
Mount Rd. *Hinc* —1D **24**
Mount St. *Nun* —5F **21**
Mount St. Pas. *Nun* —5F **21**
Muirfield Clo. *Nun* —3E **31**
Mulberry Way. *Harts*
—1F **19**
Munnings Dri. *Hinc* —4A **14**
Myrtle Clo. *Barw* —6G **5**
Mythe La. *With* —3G **3**
Mythe Vw. *Ath* —4E **3**

Nairn Clo. *Nun* —1E **29**
Narrows, The. *Hinc* —1E **25**
Neal Clo. *Bulk* —4E **35**
Nelson Dri. *Hinc* —3D **14**
Netherley Rd. *Hinc* —4D **14**
Netherwood Ind. Est. *Ath*
—4F **3**
Neville Smith Clo. *Sap*
—2H **27**
New Bldgs. *Hinc* —6D **14**
New Century Way. *Nun*
—5F **21**
Newcomen Clo. *Bed* —5B **32**
Newcomen Rd. *Bed* —4B **32**
New Cotts. *Nun* —6D **20**
Newdegate Pl. *Nun* —5G **21**
Newdegate St. *Nun* —5G **21**
Newdigate Clo. *Bed* —2E **33**
Newdigate Rd. *Bed* —1E **33**
Newey Av. *Bed* —5B **32**
Newham Grn. *Nun* —2A **20**
Newland La. *Cov* —6A **32**
Newlands Rd. *Barw* —6H **5**
Newlyn Clo. *Nun* —5B **22**
Newman Clo. *Bed* —1F **33**
Newquay Clo. *Hinc* —3F **15**
Newquay Clo. *Nun* —4B **22**
New Rd. *Ash G* —6A **32**
New Rd. *Ath* —6D **2**
New Rd. *Hinc* —3G **25**
New Rd. *S Stan* —5H **17**
Newstead Av. *Hinc* —5D **24**
Newstead Clo. *Nun* —1B **30**
New St. *Bed* —3G **33**
New St. *Bulk* —3E **35**
New St. *Earl S* —5C **6**
New St. *Hinc* —6D **14**
New St. *S Stan* —3H **17**
Newton Bldgs. *Bed* —3F **33**
Newton Clo. *Harts* —5H **9**
Newton Rd. *Hinc* —2G **23**
Newtown Rd. *Bed* —3D **32**
 (in two parts)

Newtown Rd. *Nun* —4G **21**
New Wlk. *Sap* —2H **27**
Nightingale Clo. *Ath* —4E **3**
Niton Rd. *Nun* —3H **21**
Nock Verges. *Earl S* —4E **7**
Nock Verges. *S Stan*
—5H **17**
Nook, The. *Nun* —1A **30**
Norfolk Clo. *Burb* —5D **24**
Norfolk Cres. *Nun* —6C **20**
Norman Av. *Nun* —5F **21**
Normandy Way. *Hinc*
—6H **13**
Normanton Turville. —3H 7
North Av. *Bed* —3H **33**
Northbourne Dri. *Nun*
—4A **30**
North Clo. *Hinc* —3E **25**
Northcote Wlk. *Ath* —3D **2**
Northern Perimeter Rd. W.
 Hinc —6H **13**
Northfield Rd. *Nun* —2B **24**
Northleigh Way. *Earl S*
—6D **6**
North St. *Ath* —5D **2**
North St. *Nun* —6D **20**
Northumberland Av. *Nun*
—5C **20**
Norton Rd. *Earl S* —6A **6**
Norwich Clo. *Nun* —1C **22**
Norwood Clo. *Hinc* —4E **15**
Notley Mnr. Dri. *Barw*
—5A **6**
Nuffield Rd. *Hinc* —2G **23**
Nuneaton. —5G 21
Nuneaton La. *High H*
—5B **12**
Nuneaton Mus. &
Art Gallery. —6G **21**
Nuneaton Rd. *Ath* —1G **9**
Nuneaton Rd. *Bed* —6F **29**
Nuneaton Rd. *Bulk* —5D **30**
Nuneaton Rd. *Harts* —4A **10**
Nuneaton Tourist Info. Cen.
—5G **21**
Nursery Gdns. *Earl S* —6B **6**
Nursery Rd. *Ath* —6F **3**
Nursery Rd. *Nun* —1E **19**
Nuthurst Cres. *Ansl* —6C **18**
Nuthurst La. *Asty* —6C **18**
Nutt's La. *Hinc* —3H **23**

Oak Clo. *Bed* —1G **33**
Oak Clo. *Burb* —4E **25**
Oakdale Rd. *Earl S* —6B **6**
Oakdene Cres. *Nun* —2G **21**
Oak Dri. *Harts* —1F **19**
Oakfield Gdns. *Ath* —6E **3**
Oakham Cres. *Bulk* —3F **35**
Oakley Ct. *Bed* —4B **32**
Oakroyd Cres. *Nun* —2B **20**
Oaks, The. *Bed* —3D **32**
Oaks Way. *Earl S* —5C **6**
Oaston Rd. *Nun* —5H **21**
Oban Dri. *Nun* —1E **29**
Oban Rd. *Hinc* —2A **24**
Oberon Clo. *Nun* —2C **30**
Occupation Rd. *S Stan*
—2H **17**

Odstone Dri. *Hinc* —1H **23**
Oldany Way. *Nun* —1D **28**
Oldbury. —5E 9
Oldbury Rd. *Nun* —6C **8**
Oldbury Vw. *Harts* —6H **9**
Old Farm Rd. *Ath* —1F **9**
Old Forge Rd. *Fen D*
—1E **11**
Old Hinckley Rd. *Nun*
—4H **21**
Old Holly La. *Ath* —3C **2**
Old Meeting Yd. *Bed*
—2F **33**
Olton Clo. *Burt H* —3H **31**
Olton Pl. *Nun* —5D **20**
Orchard Clo. *Burb* —4G **25**
Orchard Clo. *Nun* —2G **19**
Orchard Clo. *With* —5H **3**
Orchard Cotts. *Ath* —6E **3**
Orchard Ct. *Ath* —6D **2**
Orchard St. *Bed* —6F **29**
Orchard St. *Hinc* —1E **25**
Orchard St. *Nun* —5H **21**
Orchard, The. *S Stan*
—5H **17**
Orchard Way. *Nun* —3A **20**
Orford Ri. *Gall C* —5E **19**
Orkney Clo. *Hinc* —6B **14**
Orkney Clo. *Nun* —1D **28**
Ormes La. *Rat C* —1H **3**
Ormond Clo. *Barw* —6G **5**
Orwell Clo. *Nun* —4G **19**
Osbaston Clo. *Hinc* —4F **15**
Osprey Clo. *Nun* —3D **30**
Outlands Dri. *Hinc* —5A **14**
Outwoods Clo. *Ath* —6C **2**
Outwoods, The. *Hinc*
—1F **25**
Oval, The. *S Stan* —5H **17**
Owen Sq. *Ath* —5D **2**
 (off Owen St.)
Owen St. *Ath* —5D **2**
Oxford Clo. *Nun* —1B **22**
Oxford St. *Barw* —6H **5**
Oxford St. *Earl S* —5D **6**

Paddiford Pl. *Nun* —6A **20**
Paddock La. *Hinc* —4F **25**
Paddocks, The. *Bulk*
—2D **34**
Padstow Clo. *Nun* —4B **22**
Pallett Dri. *Nun* —2B **22**
Palmer Pl. *Bed* —2F **33**
Palmer Rd. *Hinc* —5B **14**
Pangbourne Clo. *Nun*
—1B **22**
Parade, The. *Nun* —6G **21**
Paragon Way. *Bay I* —5F **33**
Park Av. *Nun* —6A **22**
Park Clo. *Earl S* —4C **6**
Park Ho. Clo. *Sap* —2H **27**
Parkinson Dri. *Ath* —3E **3**
Park La. *Nun* —5F **19**
Park Rd. *Bed* —3F **33**
Park Rd. *Earl S* —5C **6**
Park Rd. *Hinc* —1E **25**
Park Rd. *Sap* —2H **27**
Parkside Ct. *Hinc* —1E **25**
Park St. *Nun* —6H **21**

Park Vw.—St Catherine's Clo.

Park Vw. *Sharn* —4F **27**
Pk. View Clo. *Exh* —5E **33**
Pk. View Ct. *Nun* —5B **20**
Parson's La. *Hinc* —1E **25**
Pavilions, The. *Hol I* —3C **2**
Peacehaven Cotts. *Nun* —1E **29**
Peake Av. *Nun* —1A **22**
Pear Tree Av. *Nun* —3C **20**
Pear Tree Clo. *Barw* —5H **5**
Peckleton Grn. *Barw* —5H **5**
Peggs Clo. *Earl S* —5D **6**
Pembroke Clo. *Bed* —4A **32**
Pembroke Way. *Nun* —6H **21**
Penfold Clo. *Sap* —1H **27**
Pennant Rd. *Burb* —4D **24**
Pennine Way. *Nun* —6H **19**
Penny La. *Barw* —6G **5**
Penryn Clo. *Nun* —5C **22**
Penshurst Way. *Nun* —3B **30**
Pentire Clo. *Nun* —4B **22**
Pentland Clo. *Hinc* —6B **14**
Penzance Clo. *Hinc* —3E **15**
Penzance Way. *Nun* —4B **22**
Peter's Clo. *S Stan* —5G **17**
Pheasant Clo. *Bed* —4B **32**
Phillip Docker Ct. *Bulk* —3D **34**
Phoenix Bus. Pk. *Hinc* —1G **23**
Phoenix Pk. *Bay I* —6F **33**
Phoenix Way. *Longf & Cov* —6C **32**
Pickford Clo. *Nun* —2C **30**
Pike Clo. *Burb* —4D **24**
Pilgrims Ga. *Burb* —3G **25**
Pine Clo. *Stoke G* —2G **13**
Pines, The. *Bed* —3C **32**
Pine Tree Ct. *Bed* —1G **23**
Pine Tree Rd. *Bed* —1G **23**
Pingle Ct. *Nun* —1H **29**
Pinwall La. *Ath* —1E **3**
Pioneer Units. *Attl F* —6A **22**
Pipers La. *Nun* —1C **18**
Plough Hill Rd. *Nun* —4F **19**
Pool Bank St. *Nun* —5F **21**
Pool Rd. *Nun* —4D **14**
Poplar Av. *Bed* —3H **33**
Poplar Ho. *Bed* —3H **33**
Poplars, The. *Earl S* —4E **7**
Poplars, The. *Nun* —6B **21**
Poplar Way. *Harts* —2G **19**
Portia Clo. *Nun* —2C **30**
Portland Dri. *Hinc* —4E **15**
Portland Dri. *Nun* —5H **19**
Post Office La. *With* —6H **3**
Potters Marston La. *Thurl* —5H **7**
Potters Rd. *Bed* —4C **32**
Pougher Clo. *Sap* —2H **27**
Powell Way. *Nun* —5G **21**
Powers Rd. *Barw* —2F **15**
Poyser Rd. *Nun* —3G **29**
Prescelly Clo. *Nun* —6H **19**
Preston Rd. *Hinc* —5B **14**
Priesthills Rd. *Hinc* —1D **24**
Primrose Dri. *Nun* —4E **25**

Princes Av. *Nun* —6F **21**
Princess Rd. *Ath* —4E **3**
Princess Rd. *Hinc* —1E **25**
Princes St. *Nun* —6F **21**
Priors, The. *Bed* —3G **33**
Priory Ct. *Nun* —5E **21**
Priory St. *Nun* —6A **20**
Priory Wlk. *Ath* —1F **9**
Priory Wlk. *Hinc* —6E **15**
Prospect Way. *Earl S* —5C **6**
Ptarmigan Pl. *Attl F* —6B **22**
Pughe's Clo. *Burb* —3G **25**
Purcell Av. *Nun* —4C **30**
Purley Chase La. *Man* —5B **8**
Purley Vw. *Ath* —1F **9**
Pyeharps Rd. *Burb* —4E **25**

Quadrant, The. *Attl F* —6A **22**
Quaker Clo. *Fen D* —1E **11**
Quantock Dri. *Nun* —6H **19**
Quarry La. *Ath* —2E **9**
Quarry La. *Nun* —2B **30**
Quarry Yd. *Nun* —5A **20**
Queen Elizabeth Rd. *Nun* —3A **20**
Queen Mary's Rd. *Bed* —6G **29**
Queens Arc. *Nun* —5G **21**
Queen's Pk. Flats. Hinc
(off Queen's Rd.) —1E **25**
Queens Pk. Ter. *Hinc* —1E **25**
Queen's Rd. *Ath* —5E **3**
Queens Rd. *Hinc* —1E **25**
Queens Rd. *Nun* —5E **21**
Queen St. *Barw* —1H **15**
Queen St. *Bed* —3G **33**
Queensway. *Barw* —6H **5**
Queensway. *Nun* —3H **21**

Rabbit La. *Bed* —1A **32**
Racemeadow Rd. *Ath* —4E **3**
Radford Clo. *Ath* —3E **3**
Radley Dri. *Nun* —2E **29**
Radmore Rd. *Hinc* —4D **14**
Radnor Dri. *Nun* —1B **28**
Raglan Clo. *Nun* —6H **21**
Ragley Way. *Nun* —1B **30**
Railway Ter. *Bed* —3G **33**
Rainsbrook Dri. *Nun* —2B **30**
Raison Av. *Nun* —1B **22**
Raleigh Clo. *Hinc* —3D **14**
Ramsden Av. *Nun* —2A **20**
Ramsden Rd. *Ath* —6G **3**
Ramsey Clo. *Hinc* —6B **14**
Randle Rd. *Nun* —5B **20**
Rannoch Clo. *Hinc* —1B **24**
Rannoch Dri. *Nun* —4A **20**
Ratcliffe Ct. *Nun* —5A **20**
Ratcliffe Culey. —1H 3
Ratcliffe La. *S Mag* —1F **3**
Ratcliffe Rd. *Ath* —5E **3**
Ratcliffe Rd. *Hinc* —3F **25**
Ratcliffe St. *Ath* —5D **2**

Raveloe Dri. *Nun* —2H **29**
Raven Way. *Nun* —1B **30**
Rawn Vw. *Ath* —1F **9**
Raynor Cres. *Bed* —4B **32**
Raywoods, The. *Nun* —6D **20**
Reading Av. *Nun* —1B **22**
Rectory Clo. *Exh* —4E **33**
Rectory Dri. *Exh* —4E **33**
Red Deeps. *Nun* —3H **29**
Red Hall Dri. *Barw* —6H **5**
Red Hall Rd. *Barw* —6A **6**
Redruth Clo. *Nun* —5C **22**
Redwood Cft. *Nun* —1E **29**
Reeves Rd. *Hinc* —3F **25**
Regal Ct. *Ath* —5E **3**
Regency Clo. *Nun* —3H **21**
Regency Ct. *Hinc* —2G **25**
Regent Ct. *Hinc* —1D **24**
Regent Pde. Hinc —1D **24**
(off Regent St.)
Regent St. *Barw* —6H **5**
Regent St. *Bed* —1G **33**
Regent St. *Hinc* —1D **24**
Regent St. *Nun* —4G **21**
Reg Haddon Ct. *Nun* —3H **21**
Renison Rd. *Bed* —4C **32**
Repington Av. *Ath* —3D **2**
Reynolds Clo. *Hinc* —4A **14**
Reynolds Rd. *Bed* —1E **33**
Rhyl Rd. *Bram* —5H **31**
Ribble Clo. *Bulk* —3D **34**
Ribblesdale Av. *Hinc* —4E **15**
Ribbonbrook. *Nun* —6H **21**
Ribbonfields. *Nun* —6H **21**
Richardson Clo. *S Stan* —6H **17**
Richmond Rd. *Ath* —6D **2**
Richmond Rd. *Hinc* —4C **14**
Richmond Rd. *Nun* —6E **21**
Riddon Dri. *Nun* —1B **24**
Ridge Lane. —5A 8
Ridge La. *Oldb* —5A **8**
Ridgeway, The. *Hinc* —3D **24**
Riley Clo. *S Stan* —6H **17**
Rills, The. *Hinc* —5E **15**
River Clo. *Bed* —4D **32**
River Dri. *Ath* —3D **2**
Rivermead. *Nun* —5E **21**
Riversdale Rd. *Ath* —5F **3**
Riversley Rd. *Nun* —6G **21**
Roadway Clo. *Bed* —3F **33**
Roanne Ringway. *Nun* —5F **21**
Robert Rd. *Exh* —5D **32**
Robertson Clo. *S Stan* —5G **17**
Robinson Rd. *Bed* —5B **32**
Robinson's End. —6F 19
Robinson Way. *Burb* —5F **25**
Robins Way. *Nun* —6G **19**
Rochester Clo. *Nun* —6F **21**
Rock Clo. *Gall C* —5F **19**
Rodney Clo. *Nun* —3D **14**
Rogue's La. *Hinc* —2A **14**
Roman Clo. *Earl S* —4E **7**

Romney Clo. *Hinc* —4A **14**
Romsey Av. *Nun* —1H **21**
Ronald Toon Rd. *Earl S* —5E **7**
Rookery Clo. *Fen D* —1E **11**
Rookery, The. *Bir H* —5A **8**
Rookery, The. *Gall C* —4E **19**
Rosehill. *Ath* —6F **3**
Rose La. *Nun* —6G **21**
Rosemary Way. *Hinc* —2B **24**
Rosemullion Clo. *Exh* —5F **33**
Rose Way. *Stoke G* —2F **13**
Rosewood. *Nun* —2B **30**
Rose Wood Clo. *Hinc* —3F **25**
Rossendale Rd. *Earl S* —5B **6**
Rossendale Way. *Nun* —1B **28**
Ross Way. *Nun* —4D **30**
Roston Dri. *Hinc* —6H **13**
Rothesay Clo. *Nun* —1E **25**
Roundhills, The. *Elme* —2D **16**
Rowan Cen., The. *Ath* —5E **3**
Rowan Rd. *Nun* —3A **20**
Rowans, The. *Bed* —3C **32**
Rowan Way. *Harts* —1F **19**
Rowlands Way. *Ath* —3C **2**
Roxburgh Rd. *Nun* —2A **30**
Royal Ct. *Hinc* —2D **24**
Royal Mdw. Dri. *Ath* —3E **3**
Royal Oak La. *Bed & Cov* —6A **32**
Royal Oak Yd. *Bed* —1F **33**
Rufford Clo. *Hinc* —6D **24**
Rugby Rd. *Bulk* —3F **35**
Rugby Rd. *Hinc* —1C **24**
Runnymede Gdns. *Nun* —6D **20**
Ruskin Clo. *Gall C* —4G **19**
Rutherford Glen. *Nun* —2B **30**
Rutland Av. *Hinc* —2C **24**
Rutland Av. *Nun* —5D **20**
Rydal Av. *Nun* —3C **22**
Rydal Clo. *Hinc* —2H **23**
Ryde Av. *Nun* —3H **21**
Ryders Hill Cres. *Nun* —2A **20**
Rye Piece Ringway. *Bed* —2F **33**
Ryhope Clo. *Bed* —4A **32**
Ryton. —2F 35

Saddlers Clo. *Hinc* —3F **25**
Saffron Clo. *Barw* —5H **5**
St Agnes Way. *Nun* —5A **22**
St Andrews Dri. *Nun* —2D **30**
St Austell Clo. *Nun* —4C **22**
St Benedicts Clo. *Ath* —5D **2**
St Catherine's Clo. *Burb* —2F **25**

St Davids Way—Stoneygate

St Davids Way. *Berm I* —5E **29**
St George's Av. *Hinc* —6C **14**
St George's Rd. *Ath* —3D **2**
St Georges Way. *Berm I* —2F **29**
St Giles Rd. *Cov* —6B **32**
St Helen's Clo. *Sharn* —4G **27**
St Ives Way. *Nun* —4B **22**
St James Gdns. *Bulk* —3E **35**
St James's Clo. *Hinc* —4D **24**
St John. *Hinc* —6E **15**
St Johns Clo. *Nun* —1E **19**
St Lawrences Rd. *Ansl* —5B **18**
St Luke's Way. *Nun* —5A **20**
St Margaret Rd. *Stoke G* —2G **13**
St Mark's Clo. *Nun* —5A **20**
St Martin's. *Hinc* —3D **24**
St Martins. *Stap* —3E **5**
St Mary's Av. *Barw* —2F **15**
St Mary's Ct. *Barw* —1G **15**
St Mary's Ct. *Nun* —4F **21**
St Mary's Rd. *Ath* —5E **3**
St Mary's Rd. *Hinc* —1D **24**
St Mary's Rd. *Nun* —4F **21**
St Matthew's Clo. *Nun* —5A **20**
St Michael's Clo. *Ath* —4E **3**
St Michaels Ct. *S Stan* —5H **17**
St Michael's Way. *Nun* —5A **20**
St Nicolas Park. —2B 22
St Nicolas Pk. Dri. *Nun* —2A **22**
St Nicolas Rd. *Nun* —4H **21**
St Paul's Gdns. *Hinc* —6E **15**
St Paul's Rd. *Nun* —6A **20**
St Peter's Av. *With* —6H **3**
St Peters Clo. *With* —6H **3**
St Peter's Dri. *Gall C* —5F **19**
St Peters Rd. *Ath* —6G **3**
Saints Way. *Nun* —4H **21**
St Thomas's Clo. *Nun* —6A **20**
Salcombe Clo. *Nun* —4B **22**
Salem Rd. *Hinc* —4F **25**
Salisbury Av. *Nun* —2H **19**
Salisbury Dri. *Nun* —2H **19**
Salisbury Rd. *Hinc* —2G **25**
Sandby Clo. *Bed* —1E **33**
Sanders Clo. *Ath* —4E **3**
Sandon Rd. *Nun* —4F **21**
Sandpits, The. *Bulk* —3E **35**
Sandringham Av. *Earl S* —6B **6**
Sandringham Ct. *Nun* —3D **20**
Sandy Cres. *Hinc* —6B **14**
Sandy Wlk. *Hinc* —5A **14**
Sapcote Rd. *Burb & Hinc* —1G **25**

Sapcote Rd. *S Stan* —5H **17**
Saunders Av. *Bed* —3F **33**
Saville Clo. *Hinc* —4E **15**
School Clo. *Burb* —3G **25**
School Hill. *Nun* —2G **19**
School La. *Exh* —6C **32**
School La. *Gall C* —3E **19**
School La. *Sharn* —5G **27**
School La. *Stap* —3E **5**
School Rd. *Bulk* —3D **34**
School Wlk. *Nun* —1A **30**
Scott Av. *Nun* —1H **21**
Seaforth Dri. *Hinc* —6A **14**
Sealand Dri. *Bed* —2E **33**
Seaton Clo. *Hinc* —2G **25**
Seaton Clo. *Nun* —4B **22**
Seeswood Clo. *Nun* —1A **28**
Selby Way. *Nun* —4H **19**
Sennen Clo. *Nun* —4C **22**
Severn Av. *Hinc* —1A **24**
Severn Rd. *Bulk* —2C **34**
Seymour Rd. *Nun* —6H **21**
Shadrack Clo. *S Stan* —6H **17**
Shakespeare Av. *Bed* —3H **33**
Shakespeare Dri. *Hinc* —6C **14**
Shakespeare Dri. *Nun* —2C **30**
Shanklin Dri. *Nun* —3H **21**
Sharnbrook Gdns. *Sharn* —5G **27**
Sharnford. —4G 27
Sharnford Rd. *Aston F* —3C **26**
Sharnford Rd. *Sap* —2H **27**
Sharpless Rd. *Hinc* —2E **25**
Sharratt Rd. *Bed* —3E **33**
Shawe Av. *Nun* —2G **21**
Sheepy Rd. *Ath* —2D **2**
Shelley Clo. *Bed* —4H **33**
Shelley Gdns. *Hinc* —4E **15**
Shenton Clo. *Stoke G* —2G **13**
Shenton Rd. *Barw* —6H **5**
Shepperton Bus. Pk. *Nun* —2G **29**
Shepperton Ct. *Nun* —1G **29**
Shepperton St. *Nun* —1G **29**
Sherborne Rd. *Hinc* —2H **25**
Sherbourne Av. *Nun* —4H **19**
Sheridan Dri. *Gall C* —4F **19**
Sheringham Clo. *Nun* —1B **30**
Sherwood Rd. *Stoke G* —2F **13**
Shetland Dri. *Nun* —1D **28**
Shilton Ind. Est. *Shil* —6G **35**
Shilton La. *Bulk* —3F **35**
Shilton Rd. *Barw* —1H **15**
Shilton Rd. *K Mal & Earl S* —1B **6**
Shoesmith Clo. *Barw* —1G **15**
Shortlands. *Cov* —6B **32**
Short St. *Nun* —5A **20**
Shrewsbury Clo. *Barw* —6G **5**

Sidmouth Clo. *Nun* —4B **22**
Silver Birch Av. *Bed* —3C **32**
Silverbirch Clo. *Harts* —2G **19**
Silver Trees Dri. *Bulk* —1D **34**
Silver Wlk. *Nun* —6D **20**
Simmonds Way. *Ath* —3D **2**
Simon Clo. *Nun* —1H **29**
Simon Ct. *Exh* —5E **33**
Sisley Way. *Hinc* —4A **14**
Skelwith Ri. *Nun* —3C **22**
Sketchley. —4D 24
Sketchley Hill. —3E 25
Sketchley La. *Hinc* —4C **24**
Sketchley La. *Rat C* —1H **3**
Sketchley La. Ind. Est. *Hinc* —4C **24**
Sketchley Mnr. Gdns. *Hinc* —4C **24**
Sketchley Mnr. La. *Hinc* —4D **24**
Sketchley Meadows. *Burb & Hinc* —4C **24**
Sketchley Meadows Bus. Pk. *Hinc* —4C **24**
Sketchley Old Village. *Burb* —4C **24**
Sketchley Rd. *Hinc* —4E **25**
Skye Clo. *Nun* —1D **28**
Slack's Av. *Ath* —6D **2**
Slade Clo. *Nun* —3E **31**
Sleath's Yd. *Bed* —2F **33**
Slingsby Clo. *Attl F* —1A **30**
Smarts Rd. *Bed* —4D **32**
Smercote Clo. *Bed* —4B **32**
Smith St. *Bed* —4C **32**
Smithy Farm Dri. *S Stan* —5G **17**
Smorrall La. *Cor & Bed* —3A **32**
Snowdon Clo. *Nun* —6H **19**
Snowshill Clo. *Nun* —3B **30**
Soar Way. *Hinc* —1A **24**
Somerset Dri. *Nun* —5C **20**
Sorrell Rd. *Nun* —2H **29**
South Dri. *S Stan* —6H **17**
Southfield Clo. *Nun* —4H **21**
Southfield Rd. *Hinc* —2D **24**
Southlands. *Ath* —6E **3**
South St. *Ath* —5D **2**
Spa Clo. *Hinc* —6E **15**
Spa Dri. *Sap* —1H **27**
Spa La. *Hinc* —6E **15**
Spencer St. *Hinc* —6D **14**
Spindles, The. *Burb* —4F **25**
Spinney La. *Nun* —5A **20**
Spinney Rd. *Hinc* —3C **24**
Spinney, The. *Man* —6G **3**
Spires, The. *Nun* —5A **20**
Spitalfields. *Bed* —3G **33**
Springdale Ct. *Nun* —6H **21**
Springfield. —4F 33
Springfield Cres. *Bed* —3F **33**
Springfield Park. —4A 14
Springfield Pk. *Hinc* —4A **14**
Springfield Rd. *Hinc* —2D **24**

Springfield Rd. *Nun* —1A **30**
Spring Gdns. *Earl S* —4D **6**
Spring Gdns. *Sap* —1H **27**
Springhill. *Nun* —1G **19**
Spring Hill Rd. *Nun* —3A **20**
Spring Rd. *Barn* —6D **34**
Square, The. *Attl* —1A **30**
Square, The. *L'thpe* —2H **27**
Squires Grn. *Hinc* —3F **25**
Stables, The. *Bulk* —2C **34**
Stable Wlk. *Nun* —1B **30**
Stafford Clo. *Bulk* —3E **35**
Stafford St. *Ath* —6D **2**
Stafford St. *Barw* —1G **15**
Staines Clo. *Nun* —2B **22**
Stainforth Clo. *Nun* —1B **30**
Stanley Rd. *Ath* —6D **2**
Stanley Rd. *Hinc* —5C **14**
Stanley Rd. *Nun* —4E **21**
Stanley St. *Barw* —1G **15**
Stanton La. *Sap* —1F **27**
Stanton Rd. *Elme* —3E **17**
Stanton Rd. *Sap* —2H **27**
Stan Williams Ct. *Nun* —5H **21**
Staples Clo. *Bulk* —2E **35**
Stapleton. —3E 5
Stapleton La. *Barw* —1E **5**
Stapleton La. *Dad* —1H **13**
Stapleton La. *Stap & Barw* (in two parts) —4F **5**
Starley Pk. *Bay I* —5F **33**
Startin Clo. *Exh* —6D **32**
Station Rd. *Earl S* —1C **16**
Station Rd. *Elme & S Stan* —2C **16**
Station Rd. *High H* —3B **12**
Station Rd. *Hinc* —1D **24**
Station Rd. *Stoke G* —2E **13**
Station St. *Ath* —5D **2**
Station Yd. *Hinc* —2D **24**
Stephenson Rd. *Exh* —6G **33**
Stephenson Rd. *Hinc* —2G **23**
Steppy La. *Man* —3D **8** (in two parts)
Sterling Way. *Nun* —3A **30**
Stevens Clo. *S Stan* —5H **17**
Stewart St. *Nun* —6F **21**
Stirling Av. *Hinc* —6A **14**
Stockingford. —5A 20
Stockwell Head. *Hinc* —1D **24**
Stoke Golding. —2F 13
Stoke La. *High H* —3C **12**
Stoke La. *Stoke G* —1G **13**
Stoke Rd. *Stoke G & Hinc* —2H **13**
Stokesay Clo. *Nun* —6F **21**
Stoneleigh Clo. *Harts* —5H **9**
Stoneleigh Ct. *Nun* —6G **21**
Stoneley Rd. *Stoke G* —3F **13**
Stonewell Cres. *Nun* —3D **30**
Stoneycroft Rd. *Earl S* —6B **6**
Stoneygate. —5F 15

46 A-Z Nuneaton

Stoneygate Dri.—Wessex Clo.

Stoneygate Dri. *Hinc* —4E **15**
Stoney Rd. *Nun* —3E **21**
Stoney Stanton. —**5H 17**
Stratford Av. *Ath* —6C **2**
Stratford St. *Nun* —5G **21**
Strathmore Rd. *Hinc* —2A **24**
Stratton St. *Ath* —5E **3**
Stretton Clo. *Hinc* —3D **24**
Stretton Rd. *Nun* —6E **21**
Stroma Way. *Nun* —1D **28**
Strutt Rd. *Hinc* —4G **25**
Stubbs Clo. *Bed* —1E **33**
Sudeley Rd. *Nun* —3G **29**
Suffolk Clo. *Bed* —2E **33**
Suffolk Clo. *Nun* —6C **20**
Sunart Way. *Nun* —4A **20**
Sunningdale Clo. *Nun* —2C **30**
Sunnydale Cres. *Hinc* —2A **24**
Sunnydale Rd. *Hinc* —2H **23**
Sunnyhill. *Hinc* —2F **25**
Sunnyhill S. *Hinc* —3F **25**
Sunnyside. *Hinc* —4D **14**
Sunnyside Ct. *Nun* —6D **20**
Sunnyside Pk. Ind. Est. *Hinc* —4C **14**
Surrey Clo. *Burb* —5E **25**
Surrey Clo. *Nun* —6C **20**
Sussex Clo. *Nun* —4A **20**
Sutherland Dri. *Bed* —1E **33**
Sutton Clo. *Hinc* —4F **15**
Sutton La. *Dad* —2A **4**
Sutton Pk. *Nun* —2H **19**
Swains Grn. *Hinc* —3F **25**
Swallow Ct. *Bed* —5A **32**
Swinburne Clo. *Gall C* —4G **19**
Swinburne Rd. *Hinc* —6C **14**
Sword Dri. *Hinc* —4B **14**
Sycamore Clo. *Burb* —4E **25**
Sycamore Rd. *Nun* —3B **20**
Sycamores, The. *Bed* —3C **32**
Sydney Ct. *Bed* —3E **33**

Tamar Clo. *Bulk* —2D **34**
Tamar Rd. *Bulk* —3C **34**
Tame Way. *Hinc* —1A **24**
Tannery Clo. *Ath* —5E **3**
Tansey Cres. *S Stan* —5G **17**
Tarn Clo. *Bed* —3E **33**
Taverners La. *Ath* —6D **2**
Tavistock Way. *Nun* —4A **22**
Taylor Clo. *S Stan* —5H **17**
Tea Garden, The. *Bed* —5C **32**
Teal Bus. Pk. *Hinc* —2G **23**
Teignbank Clo. *Hinc* —5D **14**
Teignbank Rd. *Hinc* —4C **14**
Telford Rd. *Exh* —5G **33**
Templer Ct. *Nun* —6G **21**
Tenby Clo. *Bed* —4A **32**
Tenlons Rd. *Nun* —1D **28**
Tennant St. *Nun* —6A **22**
Tennyson Rd. *Hinc* —6C **14**
Tenter St. *Ath* —5D **2**

Terrace Rd. *Ath* —5D **2**
Tewkesbury Dri. *Bed* —2G **33**
Thackeray Clo. *Gall C* —5G **19**
Thames Clo. *Bulk* —2C **34**
Thirlmere Av. *Nun* —3B **22**
Thirlmere Rd. *Bed* —3E **33**
Thirlmere Rd. *Hinc* —1A **24**
Thomas St. *Bed* —3E **33**
Thorncliffe Way. *Nun* —1E **19**
Thornfield Av. *Stoke G* —2G **13**
Thornfield Way. *Hinc* —1E **25**
Thornhill Dri. *Nun* —3D **30**
Thorntons Way. *Nun* —6G **19**
Thornycroft Rd. *Hinc* —1E **25**
Three Pots Rd. *Hinc* —5E **25**
Thurlaston La. *Earl S* —4E **7**
Thurlow Clo. *Ath* —3D **2**
Tilton Rd. *Hinc* —3E **25**
Tintagel Way. *Nun* —4C **22**
Tintern Way. *Bed* —3G **33**
Tippett Clo. *Nun* —4C **30**
Tithe Clo. *Stoke G* —3F **13**
Tiverton Dri. *Nun* —4A **22**
Toler Rd. *Nun* —4F **21**
Tom Eatough Ct. *Earl S* —5E **7**
Tom Ellis Ct. *Exh* —5D **32**
Tomkinson Rd. *Nun* —5C **20**
Topp's Dri. *Bed* —4C **32**
Topp's Heath. *Bed* —4C **32**
Top Rd. *Barn* —5C **34**
Torridon Way. *Hinc* —6B **14**
Tower Rd. *Bed* —3E **33**
Tower Rd. *Earl S* —5D **6**
Tower Vw. Cres. *Nun* —6H **19**
Town End Rd. *Barw* —6G **5**
Townsend Dri. *Attl F* —1B **30**
Townsend Rd. *S Stan* —6H **17**
Townsends Clo. *Burt H* —2H **31**
Trafford Clo. *Ath* —3D **2**
Trafford Dri. *Nun* —4A **20**
Trafford Rd. *Hinc* —4F **15**
Tregorrick Rd. *Exh* —6E **33**
Tregullan Rd. *Exh* —5F **33**
Trelawney Rd. *Exh* —6E **33**
Trenance Rd. *Exh* —6E **33**
Treneere Rd. *Exh* —5F **33**
Trentham Clo. *Nun* —3B **30**
Trentham Rd. *Harts* —5G **9**
Trent Clo. *Bulk* —3C **34**
Trent Rd. *Hinc* —1A **24**
Trent Rd. *Nun* —4H **21**
Tresillian Rd. *Exh* —5F **33**
Treviscoe Clo. *Exh* —6E **33**
Trevor Rd. *Hinc* —6F **15**
Trevose Av. *Exh* —6F **33**
Trewint Clo. *Exh* —5E **33**
Trident Bus. Pk. *Nun* —6H **21**

Trinity La. *Hinc* —1C **24**
Trinity Vicarage Rd. *Hinc* —1C **24**
Trinity Wlk. *Nun* —6A **22**
Truro Clo. *Hinc* —3E **15**
Truro Clo. *Nun* —4B **22**
Tryan Rd. *Nun* —5C **20**
Tuckey Clo. *Sap* —1H **27**
Tudor Ct. *Exh* —6C **32**
Tudor Cres. *Ath* —4D **2**
Tudor Rd. *Hinc* —5C **14**
Tudor Rd. *Nun* —3A **20**
Tulliver Clo. *Bed* —1F **33**
Tulliver Rd. *Nun* —3G **29**
Tunnel Rd. *Ansl* —6C **18**
Turnberry Dri. *Nun* —3E **31**
Turner Clo. *Bed* —1E **33**
Turner Dri. *Hinc* —4A **14**
Tuttle Hill. *Nun* —2C **20**
Tuttle Hill Ind. Est. *Nun* —2C **20**
Tweedside Clo. *Hinc* —4F **15**
Twycross Rd. *Hinc* —3F **25**
Twyford Ct. *Barw* —6H **5**

Ullswater Av. *Nun* —3B **22**
Ullswater Clo. *Earl S* —6D **6**
Ullswater Rd. *Bed* —3E **33**
Underwood Cres. *Sap* —1H **27**
Underwood Dri. *S Stan* —6G **17**
Unit Ind. Est. *Hinc* —3A **24**
Up. Abbey St. *Nun* —4F **21**
Up. Bond St. *Hinc* —6D **14**

Vale Vw. *Nun* —5C **20**
Valley Rd. *Gall C* —5E **19**
Veasey Clo. *Attl F* —6A **22**
Ventnor St. *Nun* —3H **21**
Venture Ct. *Hinc* —1G **23**
Vernons Cres. *Nun* —5D **20**
Vernons La. *Nun* —5C **20**
Verona Clo. *Nun* —2C **30**
Vicarage Clo. *Ath* —6E **3**
Vicarage Ct. *Earl S* —5D **6**
Vicarage La. *Ash G* —6A **32**
Vicarage St. *Earl S* —5D **6**
Vicarage St. *Nun* —5G **21**
Victoria Rd. *Ath* —1F **9**
Victoria Rd. *Hinc* —4F **25**
Victoria Rd. *Nun* —1H **19**
Victoria St. *Hinc* —6D **14**
Victoria St. *Nun* —5G **21**
Vilia Clo. *Burb* —5F **25**
Villa Clo. *Bulk* —4D **34**
Villa Cres. *Bulk* —4E **35**
Villiers St. *Nun* —6F **21**
Virginia Pl. *Nun* —6C **20**

Wadebridge Dri. *Nun* —5A **22**
Wagon Overthrow. —**6E 33**
Wakeford Clo. *Ridge L* —4A **8**
Wakehurst Clo. *Nun* —3B **30**
Walcote Clo. *Hinc* —1H **23**

Walkers Way. *Bed* —4D **32**
Wallingford Av. *Nun* —2B **22**
Walney Clo. *Hinc* —6B **14**
Walnut Clo. *Harts* —1G **19**
Walnut Clo. *Nun* —3C **20**
Walsingham Dri. *Berm I* —3E **29**
Walter Scott Rd. *Bed* —4G **33**
Waltham Cres. *Nun* —5H **19**
Walton Clo. *Nun* —4C **30**
Warwick Dri. *Ath* —3D **2**
Warwick Gdns. *Hinc* —4E **15**
Warwick Gdns. *Nun* —6C **20**
Warwick Grn. *Bulk* —4E **35**
Washington Clo. *Barw* —1G **15**
Waste La. *Ath* —4A **2**
Waterfall Way. *Barw* —2F **15**
Waterfield Way. *Burb* —4B **24**
Waterloo Rd. *Hinc* —1C **24**
Watersbridge Gdns. *Nun* —2G **29**
Waters End. *Barw* —2G **15**
Watling Clo. *Hinc* —5C **24**
Watling Ct. *Attl F* —6B **22**
Watling Dri. *Hinc* —5B **24**
Watling St. *Ath & Harts* —6F **3**
Watling St. *Cald & Nun* —3D **10**
Watling St. *Gren* —3A **2**
Watling St. *Hinc & Smock* —4A **24**
Waveney Clo. *Hinc* —1B **24**
Waverley Av. *Nun* —2A **30**
Waverley Sq. *Nun* —3B **30**
Weaver Rd. *Earl S* —5E **7**
Webb St. *Nun* —6A **20**
Webbs Way. *S Stan* —5H **17**
Weddington. —**2H 21**
Weddington La. *Cald* —3E **11**
Weddington Rd. *Cald* —6F **11**
Weddington Ter. *Nun* —4H **21**
Welbeck Av. *Hinc* —5D **24**
Welcome St. *Ath* —5E **3**
Well La. *Hinc* —6D **14**
Wells Clo. *Gall C* —5F **19**
Well Spring Clo. *Ath* —5F **3**
Welwyn Rd. *Hinc* —6F **15**
Wembrook Clo. *Nun* —1H **29**
Wembrook Ho. *Attl* —1A **30**
Wendover Dri. *Hinc* —3E **15**
Wenlock Way. *Nun* —5H **19**
Wensleydale Av. *Barw* —2G **15**
Wensleydale Clo. *Barw* —2G **15**
Wensum Clo. *Hinc* —1B **24**
Wentworth Clo. *Hinc* —4E **15**
Wentworth Dri. *Nun* —2C **30**
Wesley Clo. *Sap* —2H **27**
Wesley Wlk. *Hinc* —4G **25**
Wessex Clo. *Bed* —1E **33**

West Av.—Zorrina Clo.

West Av. *Bed* —3H **33**
Westbury Rd. *Nun* —6B **20**
West Clo. *Hinc* —2D **24**
Westfield Clo. *Nun* —4H **21**
Westfield Ct. *Hinc* —2B **24**
Westfield Rd. *Hinc* —2B **24**
Westminster Dri. *Burb*
　—5F **25**
Westminster Dri. *Nun*
　—3H **19**
Westmorland Av. *Nun*
　—5C **20**
Weston Clo. *Hinc* —6A **14**
Weston in Arden. —2C 34
Weston La. *Bulk* —2D **34**
Westray Dri. *Hinc* —6B **14**
West St. *Earl S* —4D **6**
West Vw. *Nun* —1E **19**
Westwood Cres. *Ath* —6D **2**
Westwood Rd. *Ath* —5D **2**
Wharf La. *S Chen* —2A **4**
Wharf Yd. *Nun* —2A **24**
Whateley Ct. *Nun* —5F **21**
Wheatfield Way. *Hinc*
　—4C **14**
Wheat St. *Nun* —5G **21**
　(in three parts)
Whitacre Rd. *Nun* —5A **22**
Whitacre Rd. Ind. Est. *Nun*
　—5A **22**
Whitburn Rd. *Bed* —3A **32**
Whitehall Clo. *Harts* —5G **9**
Whitehouse Cres. *Nun*
　—6B **20**
Whitemoors Clo. *Stoke G*
　—2G **13**
Whitemoors Rd. *Stoke G*
　—2G **13**
Whitestone. —3C 30
Whitestone Rd. *Nun*
　—3C **30**
Whittington. —2B 2

Whittington La. *Whitt*
　—3A **2**
Whittleford. —4H 19
Whittleford Rd. *Nun* —5A **20**
Whittle Rd. *Hinc* —1G **23**
Wiclif Way. *Nun* —6H **19**
Wightman Clo. *S Stan*
　—4H **17**
Wightman Rd. *Barw* —6A **6**
Wildey Rd. *Bed* —3B **32**
Wilf Bown. *Earl S* —5F **7**
Wilkinson La. *Elme* —1C **16**
Willday Dri. *Ath* —3D **2**
Willeman's Clo. *Earl S*
　—1C **16**
William Beesley Cres. *Bram*
　—5G **31**
William Iliffe St. *Hinc*
　—2B **24**
William St. *Bed* —3H **33**
William St. *Nun* —6A **22**
Willington St. *Nun* —4E **21**
Willis Gro. *Bed* —2G **33**
Willow Bank Rd. *Hinc*
　—2C **24**
Willowbrook Clo. *Sharn*
　—5G **27**
Willow Clo. *Bed* —6E **29**
Willow Clo. *Burb* —4E **25**
Willow Clo. *Harts* —2G **19**
Willowdale. *Hinc* —2A **24**
Willowdene Way. *Barw*
　—1H **15**
Willowfields Rd. *Nun*
　—2C **30**
Willow Rd. *Nun* —4C **20**
Willows, The. *Ath* —3E **3**
Willows, The. *Bed* —3C **32**
Willow Tree Clo. *Barw*
　—5H **5**
Wilsons La. *Longf & Exh*
　—6E **33**

Wiltshire Clo. *Bed* —2E **33**
Wimbourne Clo. *Nun*
　—4H **19**
Winchester Av. *Nun* —2G **21**
Winchester Dri. *Hinc*
　—2G **25**
Windermere Av. *Nun*
　—2B **22**
Windermere Clo. *Earl S*
　—5D **6**
Windmill Rd. *Ath* —4D **2**
Windmill Rd. *Exh* —5E **33**
Windmill Rd. *Nun* —2B **20**
Windrush Dri. *Hinc* —1A **24**
Windsor Ct. *Burb* —4G **25**
Windsor Ct. *Nun* —3C **20**
Windsor Gdns. *Nun* —5C **20**
Windsor St. *Hinc* —4F **25**
Windsor St. *Nun* —5F **21**
Winfield Rd. *Nun* —4F **21**
Winterton Rd. *Bulk* —4E **35**
Witherley. —6H 3
Witherley Rd. *Ath* —5E **3**
Withybrook Rd. *Bulk*
　—3F **35**
Woburn Clo. *Hinc* —4E **15**
Woburn Dri. *Nun* —1E **29**
Wolvey Rd. *Bulk* —3F **35**
Wolvey Rd. *Hinc* —6E **25**
Woodbank. *Burb* —2G **25**
Woodcote Av. *Nun* —1B **22**
Woodfield Rd. *Hinc* —3C **24**
Woodford Clo. *Nun* —5B **20**
Woodford La. *Harts* —3A **10**
Woodgate Rd. *Hinc* —1G **25**
Woodhall Clo. *Nun* —1C **30**
Woodland Av. *Hinc* —3G **25**
Woodland Rd. *Hinc* —6F **15**
Woodlands La. *Bed* —1C **32**
Woodlands Rd. *Bed* —2C **32**
Woodlands, The. *Nun*
　—6G **9**

Wood La. *Nun* —1G **19**
Wood La. *Nun & High H*
　—4H **11**
Woodstock Clo. *Hinc*
　—3G **25**
Woodstock Rd. *Nun* —2A **30**
Wood St. *Bed* —1E **33**
Wood St. *Earl S* —5C **6**
Wood St. *Hinc* —6D **14**
Wood St. *Nun* —5D **20**
Wood St. Clo. *Hinc* —6E **15**
Woodview Rd. *Ath* —6E **3**
Woolpack Way. *Ath* —5D **2**
Woolwich Rd. *Bram* —5H **31**
Wootton St. *Bed* —2G **33**
Worcester Clo. *Barw* —6G **5**
Wordsworth Rd. *Bed*
　—4H **33**
Workhouse La. *Hinc*
　(in two parts) —5G **25**
Wyatts Ct. *Bed* —2F **33**
Wye Clo. *Bulk* —3D **34**
Wye Clo. *Hinc* —1A **24**
Wykin. —4H 13
Wykin La. *Stoke G* —3F **13**
Wykin Rd. *Hinc & Wykin*
　—4H **13**

Yews, The. *Bed* —3C **32**
Yew Tree Clo. *Barw* —4H **5**
York Av. *Ath* —4E **3**
York Av. *Bed* —3H **33**
　(in two parts)
York Rd. *Hinc* —4C **14**
York St. *Nun* —5E **21**

Zealand Clo. *Hinc* —4F **15**
Zorrina Clo. *Nun* —4H **19**

Every possible care has been taken to ensure that the information given in this publication is accurate and whilst the publishers would be grateful to learn of any errors, they regret they cannot accept any responsibility for loss thereby caused.

The representation on the maps of a road, track or footpath is no evidence of the existence of a right of way.

The Grid on this map is the National Grid taken from the Ordnance Survey mapping with the permission of the Controller of Her Majesty's Stationery Office.

Copyright of Geographers' A-Z Map Co. Ltd.

No reproduction by any method whatsoever of any part of this publication is permitted without the prior consent of the copyright owners.